L'ENTREPRENEUR MUSULMAN

10 PRINCIPES

DU SUCCÈS DES PLUS GRANDS

ENTREPRENEURS MUSULMANS

L'ENTREPRENEUR MUSULMAN

---

10 PRINCIPES

DU SUCCÈS DES PLUS GRANDS

ENTREPRENEURS MUSULMANS

Oumar Soulé

Bilal Success

Oumar Soulé.
L'Entrepreneur Musulman - 10 Principes du Succès des plus grands entrepreneurs musulmans , édition1
Titre original:
The Muslim Entrepreneur - Ten Success Principles from the Greatest Muslim Entrepreneurs 1st ed.

A mes parents Souleymane et Aminata,

ma femme Arub,

et mes frères et soeurs,

qui m'ont encouragé

à finir ce livre.

TABLE DES MATIERES

Table des matières 9

Préface 13

Introduction 17

I. L'Avantage du musulman 22

1. L'Islam et la Richesse 23

2. Programmation positive pour la fortune 31

3. Le double avantage 38

II. Le besoin d'une philosophie du succès 44

1. Qu'est-ce qui amène le succès ? 45

2. La réussite s'apprend 56

3. Le mental des millionnaires musulmans 63

III. Attitude 72

1. Faites la promotion du Bien 73

2. Vous et votre environnement 84

3. Changez pour le meilleur 88

IV. Objectifs 98

1. Fixez-vous des objectifs ambitieux 99

2. Le pouvoir du Dou'a 109

3. Concevez puis réalisez 115

V. Croyance 128

1. Le système de croyances pour le succès 129

2. Les croyances négatives 138

3. Intensifiez votre foi 147

VI. Le pouvoir du groupe 156

1. Le pouvoir de la famille 157

2. Faites-le ensemble 167

3. La richesse générationnelle 180

VII. Ethique de Travail 190

1. Le Travail, l'Adoration et la Famille 191

2. Les Etiquettes de l'Entrepreneur Musulman 197

3. Soyez efficient 208

VIII. Ténacité et Habitudes 224

1.   Continuez 225

2.   L'importance des Habitudes 238

3.   Changez vos Habitudes 244

IX. Compétences Essentielles 256

1.   Soyez ouvert aux suggestions 257

2.   Les compétences clés dans les affaires 264

3.   Apprenez à connaître vos clients 275

X. Stratégies pour s'enrichir 286

1.   La sagesse avec l'argent 287

2.   Les différentes industries 297

3.   Le chemin sûr qui mène vers la richesse 308

Quelques mots pour finir 318

PREFACE

de Com Mirza

Ce livre contient des enseignements puissants qui viennent d'entrepreneurs musulmans contemporains. On a tous entendu parler des grandes avancées que les musulmans ont faites dans le passé. L'espace de l'entrepreneuriat musulman était très florissant dans l'histoire grâce au commerce et à la prospérité qui y régnait. Il y avait en ces temps, beaucoup de leaders et d'exemples à suivre.

Le livre « L'Entrepreneur Musulman » vous montre que les musulmans sont encore influents et imposants en ce qui concerne le business, le succès et le leadership. Quand j'ai rencontré Oumar pour la première fois, on a passé quelques heures ensemble. J'ai vite su qu'il allait apporter une valeur inestimable à l'espace de l'entrepreneuriat musulman, à travers sa compilation de leçons à grandes valeurs éducatives et remplies de sagesse. Je l'ai encouragé à apporter sa contribution au monde par le biais de ce livre et par des contributions similaires.

Je lui dis : « Tu es en train de faire la bonne chose. » Pourquoi ? Parce que nous avons besoin davantage de musulmans riches. Après tout, nous savons déjà que la plupart des meilleurs Sahabas utilisèrent leur immense fortune pour littéralement s'acheter la vie prochaine.

Je suis maintenant à un stade de ma vie où je suis plus inquiet de mon héritage que de ma fortune. Je veux voir plus de musulmans millionnaires se joindre à moi, tout au sommet !

Si vous développez la bonne attitude que vous apprendrez de ce livre, vous pourrez découvrir la grandeur qui est en vous !

En ma capacité de leader d'un groupe d'entrepreneurs enthousiastes : la Dream Chasing Family (Famille de poursuiveurs de rêves), je connais l'importance de disposer de la bonne connaissance. En lisant cet ouvrage, vous apprendrez :

La différence entre l'entrepreneur musulman et tous les autres.

Pourquoi devriez-vous songer à joindre le rang des entrepreneurs musulmans ? Quels sont les mécanismes de pensées et les actions requises pour atteindre le succès ?

Le livre d'Oumar répond à toutes ces questions. Autant que possible, ce livre a évité les théories et les conseils qui ne font qu'infatuer les ego. Au contraire, Oumar donne des conseils pratiques qui proviennent de 40 des plus grands entrepreneurs musulmans.

En étudiant nos pratiques commerciales, en scrutant nos habitudes et en les condensant dans ce manuel que vous tenez entre vos mains et qui est très simple à utiliser, Oumar a créé un cadre d'où, je l'espère, découleront beaucoup de bonnes choses.

J'ai la ferme conviction que ce livre va vous montrer comment créer une grande fortune en tant qu'entrepreneur musulman. 10 règles sont exposées dans ce livre. Je vous encourage vivement à les lire attentivement, à les étudier pour ensuite les mettre en application dans votre vie.

On se retrouve au sommet inchaAllah !

Com Mirza
PDG de Mirza Holdings
Multimillionnaire et mentor.

INTRODUCTION

Voulez-vous devenir un musulman riche ?

Voulez-vous connaître qui sont ces musulmans qui ont réussi et découvrir ce qu'ils font ?

Si votre réponse est OUI, vous êtes au bon endroit.

Je vais vous présenter quelques entrepreneurs musulmans des plus remarquables au monde. Ils se sont ouverts à nous et ont partagé leurs secrets.

Le monde des affaires et de la réussite est très rude et compétitif. Certains auteurs ont beaucoup écrit sur le thème du succès et d'autres ont fait la biographie d'entrepreneurs prospères.

Malheureusement, l'information contenue dans ces écrits ne s'applique que partiellement à un public musulman, du fait que la réussite dépend essentiellement des croyances et des valeurs spirituelles de l'individu. Ce livre est le premier qui parle exclusivement d'entrepreneurs musulmans.

Qu'est-ce qu'ils font pour réussir si brillamment dans cet environnement compétitif ?

J'ai eu l'honneur d'interviewer 40 d'entre eux, et ce livre en est le résultat. Les enseignements contenus dans ce livre viennent de ces Entrepreneurs musulmans qui sont arrivés à un niveau exceptionnel de succès, que ce soit en termes de revenus, d'impact ou d'originalité. Ces entrepreneurs sont originaires de différentes régions du monde — du subcontinent indien aux Amériques en passant par le Moyen-Orient, l'Afrique et l'Europe.

Attachez donc votre ceinture ; c'est parti pour une balade !
A la connaissance de l'auteur, cet ouvrage est le premier livre publié au cours des derniers siècles qui traite de ces sujets.

Si vous vous posez la question de savoir :
Comment, étant musulman, puis je me faire beaucoup d'argent ?
Comment puis-je avoir un avantage compétitif sur les autres ?
Que puis-je faire avec mon argent ?
Quels sont les défis auxquels je pourrais m'attendre tout au long du chemin ?
Quelles aptitudes sont déterminantes pour ma réussite ?

Alors, sachez que ce livre-ci, l'Entrepreneur musulman, répond exactement à ces questions ; et à bien d'autres !

Je vous vois dans les prochains chapitres inchaAllah.

L'AVANTAGE DU MUSULMAN

1

L'ISLAM ET LA RICHESSE

L'ISLAM VOUS VEUT RICHE

L'Entrepreneur musulman donne le meilleur de lui-même tout en plaçant toute sa confiance en Allah SWT. Nous, êtres humains, dépendons d'Allah SWT qui nous pourvoit notre subsistance. Après tout, chacun d'entre nous dépend de la pluie et de la terre pour sa nourriture, son habillement et son abri, et cela depuis Adam (AS) ! De ce fait, chacun de nous doit chercher de quoi vivre, mais aussi solliciter notre Créateur.

C'est la raison pour laquelle certains prophètes étaient très riches. Ils demandaient à Allah, leur Pourvoyeur. Une histoire qui vient à l'esprit est celle de Soulayman (AS). Il était le fils du roi Dawoud (AS) et un Messager d'Allah. Tout en remerciant Allah de toutes les richesses dont il était déjà comblé, il demanda à avoir plus que quiconque dans l'univers entier. C'est ça de l'ambition ! D'ailleurs, il était connu qu'il possédait non seulement un royaume sur terre, mais aussi dans les airs, les mers et même dans le monde invisible des Djinns.

Les prophètes sont les meilleurs des hommes et demeurent les meilleurs exemples à suivre. Il est clair que ces exemples ont été cités dans le Coran afin qu'on puisse en tirer profit et même les suivre.

Quand vous demandez, il faut considérer Celui à qui l'on s'adresse. Il possède toute chose, donc assurez-vous de beaucoup Lui demander !

Allah SWT est Infini et peut vous doter d'une richesse illimitée. Imaginez-vous en face de l'un des hommes les plus riches de notre époque, Bill Gates ou le Prince Al Waleed bin Talal, et qu'il vous offre de quoi financer un projet de votre choix, combien lui demanderez-vous ? Juste un ordinateur portable ? Mille dollars ? Ou opterez-vous pour un projet d'une grande envergure ?

Maintenant, considérez le fait que c'est Allah SWT qui a créé et doté cet homme riche ; Il le possède lui, et tout ce qu'il a. Chers amis, demandez-lui donc autant que vous voulez et attendez de voir ce qui se passera.

CES MUSULMANS ONT LAISSE UNE FORTUNE

Le Prophète SAW était lui-même un entrepreneur. Cela nous a été rapporté dans tous les récits de sa vie. Vous pouvez même voir comment cela affecte le comportement de ceux qui suivent ses enseignements (Sounnah). Vers l'âge de 12 ans, il partit dans une caravane avec son oncle Abou Talib en Syrie. Les Mecquois avaient l'habitude de mettre en commun leurs marchandises en vue de lancer leur commerce. Ils achetaient de la marchandise en Syrie pour la revendre en Arabie. En échange, les Syriens se procuraient des biens arabes.

Au début de la vingtaine, il avait en charge le négoce d'une riche et noble femme Khadija Bint Khouwaylid (RA) qu'il épousa par la suite.

L'Islam est particulier en cela qu'il s'est développé au sein des grandes cités commerciales de l'ancienne Arabie.

La foi islamique a continué de se répandre par le biais du commerce. La Route de la Soie qui traverse trois continents est un exemple de la manière dont le négoce définissait l'identité musulmane.

Dans le cadre de mon étude des entrepreneurs musulmans, j'ai interviewé quelques personnes issues de familles commerçantes musulmanes de la Route de la Soie et qui par la suite ont migré vers l'Afrique. Elles se sont transmis la conviction que l'on peut prospérer partout où l'on se trouve. Aujourd'hui, certaines de ces familles sont multimillionnaires.

Vous aussi pouvez adopter cet état d'esprit ; c'est même un grand avantage. Grâce à l'exemple du Prophète SAW et de ses illustres compagnons, il n'y a aucune contradiction entre la réussite dans ce bas monde et dans l'autre. La majorité des Sahabas à qui on a promis le Paradis sont morts riches.

A sa mort, Sa'ad ibn Abi Waqqas (RA) avait laissé une fortune tellement immense qu'il fallut trois années pour l'estimer et distribuer l'héritage entre ses femmes, enfants et famille proche. Cet aspect de la vie des compagnons est souvent négligé.

Nous avons aussi l'exemple de Outhman Ibn Affan (RA) qui, en un moment donné, avait la réputation de posséder la moitié des affaires exercées sur les terres musulmanes. Imaginez, de nos jours, un imam ou un érudit musulman multimillionnaire. La bonne nouvelle est que vous aurez l'opportunité d'en rencontrer quelques-uns au fur et à mesure que vous progresserez dans la lecture de ce livre.

ILS L'ONT BIEN FAIT

Le Coran traite du commerce d'une manière explicite. Dans un passage, le Prophète Shouayb (AS) s'adressait à son peuple en ces termes :

« Donnez donc la pleine mesure et le poids et ne donnez pas aux gens moins que ce qui leur est dû. Et ne commettez pas de la corruption sur la terre après sa réforme. Ce sera mieux pour vous si vous êtes croyants. »

-Al-Qour'an, Sourah Ash-Shou'araa, Ayah 181-183

Les prophètes étaient honnêtes et intègres. Notre Prophète SAW était considéré comme le Digne de Confiance — Al Amine. Il a d'ailleurs prospéré grâce à son intégrité.

Selon le Docteur Miles Davis, un Afro-Américain et doyen de l'école de commerce Shenondoah :

« Tout le monde veut recevoir des services et des produits de qualité. Si votre clientèle est assurée de votre réputation de qualité et d'honnêteté, vous êtes peinard . »

-Dr Miles Davis, Chancelier d'Ecole de Commerce

Lors d'un incident, le Prophète SAW fit preuve d'une honnêteté extrême. En effet, il était tellement honnête que même ses ennemis les plus hostiles lui confiaient leur or et d'autres objets de valeur.

Les Mecquois complotèrent pour le tuer, sans même songer à récupérer d'abord leurs biens. C'est parce qu'ils avaient confiance en lui. Il était digne de confiance, véridique aussi bien par son discours que par ses actions. C'était un homme d'une grande droiture.

Certains commerçants ont prospéré uniquement grâce au facteur de confiance. Sans confiance, le marché boursier ne fonctionnerait pas ; l'internet non plus. Disons que je veuille acheter un ordinateur portable sur un site de vente en ligne. Je dois avoir confiance en ce site avant de m'y connecter. Je clique ensuite sur un bouton pour confirmer mon achat et l'argent est débité de mon compte. Je n'ai pas encore reçu d'ordinateur et pourtant j'ai déjà payé. La seule raison qui puisse justifier mon confort devant cette situation est que je suis certain que le site tiendra sa parole et qu'il livrera l'ordinateur portable. Sans confiance, tout devient beaucoup plus lent. Et dans le scénario d'un environnement avec peu ou sans confiance, je me rendrais personnellement au magasin pour avoir le nom du vendeur et probablement même son adresse. Vous l'avez compris ; manque de confiance est synonyme de lenteur dans les affaires.

Donc si vous voulez prospérer, attelez-vous à asseoir la confiance. Gagner la confiance de quelqu'un peut prendre beaucoup de temps, mais peut être perdue en quelques secondes. On peut même avancer d'un cran pour affirmer que la confiance est le trait de caractère le plus important. Une fois que vous êtes certains de la véracité de la personne, vous pouvez être sûr qu'il ne vous cache rien. Ceci est crucial dans vos relations d'affaires.

En fin de compte, on peut toujours se cacher des autres, mais jamais de nous-mêmes. Une fois que nous avons réussi en tant qu'entrepreneurs, il est important de garder notre authenticité et d'éviter l'autosabotage dans le long terme.

C'est en ce moment précis que l'intention jouera un rôle important. Cherchons-nous à devenir riches juste pour l'apparence ou pour l'ostentation ? Ou travaillons-nous pour venir en aide aux proches parents, à la communauté et pour adorer Allah SWT ? Nous détaillerons plus tard ce point dans le chapitre sur l'Ethique du Travail.

LE MEILLEUR EXEMPLE

Le caractère prophétique est unique et exceptionnel. Le messager Mouhammad SAW est largement considéré comme la personne la plus accomplie que le monde ait jamais connue. A un très bas âge, il devint orphelin et passa son enfance dans la pauvreté. Mais, dès la révélation de sa mission prophétique, il devint le chef d'un état à la fois prospère et pacifique qui s'étendait sur la région des plus grands empires qui aient jamais existé. Plusieurs autres états se sont inspirés des principes islamiques bien après que cet empire initial se soit affaibli et même disparu.

Certains défendent la thèse selon laquelle le Christianisme, le Judaïsme, le Bouddhisme… contiennent aussi des enseignements bénéfiques. C'est vrai ; mais combien de Prophètes ont donné des conseils applicables de nos jours, pour faire un investissement rentable ? Hormis le Prophète Mouhammad SAW, je n'en connais pas d'autres. Lui qui nous a même enseigné comment investir les recettes issues de la vente de votre maison. Ce genre de conseils pratiques est ce qui donne un grand avantage à l'entrepreneur musulman.

C'est pour cela qu'aujourd'hui, au 21e siècle, beaucoup de musulmans, leaders de business, suivent ses principes et sa philosophie.

LA JUSTICE SOCIALE

La justice sociale est un des objectifs de l'entrepreneur musulman. Toutes les sociétés reconnaissent de manière unanime que la justice engendre la paix et la prospérité.

Des Entrepreneurs que j'ai rencontrés, ceux qui ont le plus réussi sont aussi les plus généreux. Ils servent véritablement et rendent toujours service aux communautés dans lesquelles ils vivent.

Azim Rizvee, un entrepreneur de classe mondiale que j'ai eu l'opportunité de rencontrer, a beaucoup apporté à sa communauté. Sa ville située dans l'Ontario, au Canada est l'une de celles qui connaissent une expansion des plus rapides du pays. Il a littéralement commencé à zéro et après deux à trois ans, sa firme est devenue la première société de courtage. Ensemble, avec d'autres entrepreneurs musulmans et avec sa communauté locale, ils gèrent un projet de construction d'une nouvelle aile à l'hôpital de la ville qui sera baptisée « Pavillon de l'héritage musulman ».

C'est vraiment fascinant de voir comment rendre service aux gens mène à la prospérité. Il y a cependant des activités commerciales complètement interdites par la religion telles le jeu de hasard, l'alcool, etc. Durant les interviews, nous avons fait de notre mieux pour éviter toute entreprise qui tire une grande partie de ses revenus de sources illicites.

Hormis ces cas extrêmes, un entrepreneur musulman va prospérer dans le long terme s'il sert le plus grand nombre de personnes grâce aux biens et services qu'il fournit.

Vous pouvez rétorquer en arguant que des musulmans se sont enrichis par la triche ou la malhonnêteté.

Vous êtes-vous demandé quels services ces entrepreneurs rendent aux gens? Combien de personnes ont trouvé un emploi grâce à leurs efforts? Si vous avez la réponse à ces questions, vous vous rendrez certainement compte que tous les Entrepreneurs qui ont réussi adoptent les règles de justice sociale. Si leurs activités prospèrent, c'est parce qu'ils appliquent cette valeur islamique.

Pour assurer une justice totale, l'Islam va plus loin en interdisant l'usure. Dans les prochains chapitres, nous discuterons plus amplement du système de la justice sociale et comment il s'applique à l'Entrepreneur que vous êtes.

2

PROGRAMMATION POSITIVE POUR LA FORTUNE

ALLEZ-Y A FOND

Le Prophète SAW est venu avec le même message que Moise et Jésus (AS). Il fut envoyé à toute l'humanité et cela est un point critique parce que cela fait que le musulman transcende la race, le genre et la location géographique. Le message est pour tous les peuples. Même les non-musulmans bénéficient grandement de la miséricorde de l'Islam.

C'est ainsi que pour la première fois dans l'histoire, les musulmans ont globalisé le commerce. Quelqu'un pourrait avoir un business qui va de la Chine à l'Espagne ou l'Afrique de l'Ouest. On peut parler réellement de globalisation !

Donc, l'Islam promeut le commerce pour tout le monde. Les lois de la Charia (lois divines sacrées) protègent la richesse et la propriété de tout un chacun. Elles protègent les biens des citoyens et font aussi la promotion de la prospérité. Même durant le Hadj à la Mecque, les musulmans font du commerce.

A ce jour, vous verrez des gens en train de commercer tout en circulant autour de la Kaaba. Quelqu'un pourrait essayer de vous vendre une belle montre, alors que vous êtes occupés à circuler autour de la Kaaba. Et cela est bien permis. L'Islam vous donne autant de liberté pour faire des profits. Bien entendu, l'objectif du Hadj n'est pas le commerce, mais c'est quand même autorisé.

VOTRE CONNECTION SPECIALE

Premièrement, l'entrepreneur musulman se voit comme l'esclave d'Allah. La condition d'esclave est le rang spirituel le plus élevé que les messagers ont atteint. Pourquoi ?
Pour vous entrepreneur, être l'esclave d'Allah veut dire que vous suivez le processus naturel qui consiste en l'ordre qu'Allah a placé sur terre. C'est Lui qui pourvoit et nous recevons. Comme les oiseaux, vous aussi comptez sur Allah pour votre subsistance.

L'oiseau se réveille affamé et rentre le soir avec un estomac plein. Malheureusement, la plupart d'entre nous sont conditionnés à dépendre du gouvernement ou d'autres personnes pour nous pourvoir en nourriture et en d'autres nécessités. Et cela n'est pas le processus naturel. Cela nourrit en nous un sentiment de peur et d'insécurité.

J'ai toujours été surpris de voir combien certaines personnes ont très peu et sont quand même très paisibles. J'ai été même plus impressionné de voir des gens avec beaucoup de richesses, mais qui ne sont pas du tout inquiétés de tout perdre un jour.

On a l'exemple de M. Mujeeb Ur Rahman, le PDG de REDCO qui a perdu son business de construction de plusieurs millions de dollars. Il a été faussement accusé puis emprisonné. Cette expérience ne le fit pas fléchir. Et c'est pour cela qu'il a été capable de bâtir le business encore une fois, à partir de rien, quand il sortit de prison.

Un autre entrepreneur à grand succès qui me vient à l'esprit est Dr Yaqub Mirza, le PDG du Groupe Sterling Management Inc., basé en Amérique du Nord. Quand je l'ai rencontré pour la première fois, j'ai remarqué le calme qui se dégageait de son visage et de sa voix. Il ne montrait aucun signe de stress si commun aux gens fortunés. J'ai plus tard appris qu'il avait ce calme bien qu'il avait sous sa supervision des actifs qui valent plus de trois milliards de dollars.

LA PLUME A ECRIT EN VOTRE FAVEUR

Les théologiens de l'Islam ont beaucoup discuté à propos du Qadr. Certains dirent que le Qadr se référait au destin. C'est une incompréhension. Quelqu'un qui comprend ce concept sait que l'entrepreneuriat et le Qadr sont très liés.

Le Créateur a le contrôle et nous donne suffisamment d'aptitude pour réussir. Croire en cela vous donne naturellement quelque chose de pacifique et une attitude relaxée.

Avez-vous déjà vu un enfant pessimiste et négatif? Quelle est la dernière fois que vous avez rencontré un enfant sans grande ambition, sans grand rêve? Vous n'avez probablement jamais vu un tel enfant, quelle que soit son origine.

C'est parce que chaque être humain naît avec la disposition naturelle de faire le bien et de placer sa confiance en Dieu. C'est après que nous prenons de l'âge que nous devenons craintifs. J'ai eu à ressentir cela moi-même.

Je suis de nature gaie, mais si jamais je traîne autour de gens lugubres, négatifs et pessimistes suffisamment longtemps, quelque chose de mauvais m'affecte moi aussi.

Souvenez-vous, un enfant ne se soucie pas de ce qu'il y a à manger pour le lendemain. En tant qu'adultes, nous pouvons faire de même. Croyons que nous allons pleinement recevoir notre subsistance à travers nos entreprises et que tout va bien se passer.

LISEZ !

Le premier ordre donné au musulman est de lire et acquérir du savoir comme le dit l'Ayah :

« Lis, au nom de ton Seigneur qui a créé… »

- Al-Qour'an, Sourah Al-Alaq, Ayah 1

Le savoir est très important pour la personne qui veut réussir. L'Islam est véritablement la religion de l'apprentissage. Par exemple, à un certain point de l'histoire, les musulmans ont rencontré des difficultés quant au correct partage de l'héritage.

Cela était particulièrement le cas quand la famille du défunt était large. Le Coran va dans les détails en ce qui concerne la part de chaque héritier. Mais les cas sont complexes ; cela amena certains musulmans à développer ce qu'on appelle aujourd'hui les équations algébriques.

Donc, comment saurez-vous où aller si vous ne connaissez pas la destination ou le chemin qui y mène ?

Sachez que la réussite vient aisément quand vous acquérez le savoir qu'il faut et que vous pensez de la bonne manière à propos de votre business. En lisant ce livre, vous apprendrez les règles du succès comme elles sont appliquées par les entrepreneurs musulmans. La bonne nouvelle est que vous pouvez apprendre ces règles et les appliquer dans votre vie.

Beaucoup d'entrepreneurs musulmans prospères que j'ai interviewés ont appris les compétences qui mènent au succès, à un très jeune âge. D'autres entrepreneurs musulmans à succès ont appris ces compétences eux-mêmes et ont été capables de créer leurs propres empires. Ce livre va vous montrer ce qu'ils savent et comment vous pouvez l'utiliser pour bâtir votre succès.

Ce qui est extraordinaire, c'est que la majorité de l'information est accessible à tout le monde de nos jours. Le terrain a été nivelé pour ainsi dire. Vous avez juste à savoir où chercher la bonne information et comment l'utiliser. A la fin de ce livre, vous apprendrez à faire les deux.

REPANDEZ LA RICHESSE

Commençons avec la fin en tête. Maintenant que vous avez votre business et êtes devenus prospères, que faire ensuite ?

Que faire avec tout cet argent ?

La réponse est simple : partagez les bienfaits dont vous avez été comblés avec les gens autour de vous. Imaginez-vous mettre un sourire sur tous les visages. Saviez-vous que la plus petite récompense de celui qui donne le sourire à son prochain musulman est le paradis ?

Imaginez toutes ces prières ! Imaginez toutes ces vies transformées ! Imaginez votre nouvelle communauté ! Leurs prières et gratitudes vont bénir et même augmenter votre richesse.

Farouk Sheikh est un Entrepreneur musulman qui dirige plusieurs entreprises de plusieurs millions de dollars. Né au Kenya, il commença ses entreprises dans l'Import-Export. Après avoir émigré aux États-Unis, il possède à présent beaucoup d'entreprises dans les domaines de la technologie, de l'immobilier et de l'investissement.

Une des pratiques de M. Farouk est d'avoir le plus d'impact social possible. En une occasion, il développait une aire résidentielle existante dans l'Ohio, aux États-Unis. Le quartier était mal en point. Les propriétés avaient des palissades cassées et des fenêtres manquantes. Il fit un peu de rénovation non juste pour sa propriété, mais il ne s'arrêta pas là. Il rénova le quartier tout entier et alla jusqu'à réparer les clôtures et planter des fleurs sur les trottoirs.

Cela eut l'effet désiré, car il motiva les propriétaires à prendre meilleur soin de leurs maisons. Le quartier tout entier connut une augmentation rapide en valeur immobilière.

Maintenant pour une personne motivée uniquement par le profit, la stratégie de Farouk semble être une totale perte d'argent, du moins, dans le court terme. Mais dans le long terme, il gagna énormément, car sa propriété augmenta en valeur. Ce que ses voisins apprécièrent beaucoup. Tout le monde accueillit sa contribution et la situation fut gagnant-gagnant à tout point.

Voilà un entrepreneur musulman en action ! Vous illuminez le visage des gens, transformez leurs vies et vous profitez financièrement en même temps. Souvenez-vous, donnez de votre argent et de votre temps de sorte que les gens puissent prospérer. Vous trouverez que vous ne diminuerez en rien. Tout ce que vous donnez vous reviendra sûrement.

Peu importe le pays où vous résidez, soyez concernés par ce que les gens autour de vous font. Comme le dicton le dit :

« Quand vous abattez un arbre ; plantez-en un autre. »

-Dr Hany Al-Banna, Fondateur de l'organisation Islamic Relief

Dr Hany est l'homme derrière l'une des plus grandes fondations charitables du monde, Islamic Relief.

A part les avantages mentionnés ci-dessus, il y a aussi la satisfaction inégalée qu'on ressent quand on donne. Faire du profit tout simplement ne procure pas cette satisfaction.

Je vous invite à méditer sur la création d'Allah. Le lion chasse et mange l'antilope, puis vieillit, meurt et se décompose dans le sol. L'herbe y pousse et est mangée par une autre antilope. De la même manière, notre Créateur nous autorise à commercer et à récolter un grand profit. Après avoir réalisé un profit, il est naturel de donner en retour. De cette manière, la société fonctionne paisiblement et de manière équilibrée.

3

LE DOUBLE AVANTAGE

LA MEILLEURE ARME

Le Dou'a donne des résultats et vite. Les compagnons du Prophète SAW avaient l'habitude de tout demander à Allah ; que ce soit pour remporter une bataille ou même avoir de nouveaux lacets pour leurs chaussures.

Comme Allah dit dans le Coran :

« Et quand Mes serviteurs t'interrogent sur Moi... alors Je suis tout proche : Je réponds à l'appel de celui qui Me prie quand il Me prie... »

- Al-Qour'an, Sourah Al-Baqarah, Ayah 186

Votre meilleure arme est le Dou'a. Voyez-vous, demander vous ôte la pression de vos épaules. Cela vous sera d'une grande aide, car dans votre poursuite du succès, vous ferez face à des revers. Que faire alors ?

Le Coran nous exhorte, vous et moi, à faire preuve de persévérance. Mais si vous pensez que le succès dépend de vous à 100 %, alors l'absence de succès pourrait paraître comme un fardeau.

Prenez l'exemple de l'employé qui vient d'être licencié. Il peut adopter l'une de ces deux attitudes :

1 — « C'est la faute d'un tel ou d'un tel. Avec cette attitude, il y a toujours quelqu'un d'autre à blâmer : que ce soit le patron, la compagnie, l'épouse ou sa propre personne. »
2 — « J'ai une part à jouer dans mon propre succès, mais à la fin, le résultat dépend de Dieu. » Cette attitude aide le musulman à persévérer.
Et tel un miracle, la pression disparait complètement.

LE CULTE A TRAVERS LA FORTUNE

Nous savons maintenant que le Dou'a est un instrument très utile pour le succès. C'est un outil efficace quand on se fie totalement à Allah pour les résultats que l'on voudrait. Maintenant, on passe au travail. Voyez-vous le travail amène la prospérité. Le travail est une vertu.

Le travail est encouragé. Pour récolter, le fermier se doit de planter.

Vous êtes encouragés à méditer encore et encore sur le processus naturel mentionné dans le Coran.

Regardez le fermier. Il plante d'abord, puis attend que la pluie vienne pour faire pousser les plantes. C'est exactement le même processus qui s'applique à vous. Faites le travail d'abord ensuite attendez qu'Allah délivre les résultats.

Une graine est requise pour avoir une récolte. En tant qu'entrepreneur musulman, tout ce que vous avez à faire c'est de planter. Vous escomptez ensuite une bonne récolte. C'est aussi simple que cela !

On ne s'attend pas à ce que vous plantiez, fassiez tomber la pluie et libériez vous-même les racines. Vous dépendez d'Allah pour ces résultats. Oubliez l'aboutissement et contentez-vous de semer quelques bonnes graines !

TRANSFERT DE CONTROLE

En tant qu'entrepreneur musulman, vous devez croire que tout va bien se passer. Mon business va grandir, je vais avoir plus de clients. Vous n'avez pas d'autre choix que de croire. A travers mes discussions théologiques avec des savants musulmans, j'ai appris qu'Allah a créé la Plume qui a écrit exactement ce qui va se passer.

Cela monte uniquement qu'Allah n'est pas limité par le temps. Il sait ce qui se produira, mais cela n'influence pas nos décisions. C'est juste une réassurance que tout se passe pour le mieux et qu'il nous suffit de persévérer.

Art Willams dit ceci : « Tout ce que je peux faire est tout ce que je peux faire. Et tout ce que je peux faire est suffisant. »

Faites de votre mieux et tout se passera bien. N'essayez pas de prédire le futur, car cela incite au pari dans le milieu des affaires et dans le marché financier.

GAGNEZ AUJOURD'HUI ET DEMAIN

Cette vie est, comme on le sait, juste un passage. La plupart d'entre nous ne vivront pas plus de 100 ans. La vie future est plus importante et durera éternellement. Mais est-ce que cela voudrait dire que cette vie présente n'a pas d'importance?

Non.

C'est juste un test pour voir qui fera le plus de bien. Pour vous, être entrepreneur c'est résoudre les problèmes des autres et améliorer leurs vies. Cela étant dit, la richesse est une mesure du service que vous rendez à la société. Plus vous contribuerez à la vie des gens, plus vous serez payé. C'est pour cela que la récompense pourrait être énorme.

Tout un chacun de nous est donc potentiellement un entrepreneur. Vous devez juste trouver un moyen de servir les gens, d'améliorer leurs vies, ou leurs expériences et vous allez prospérer.

Combien réussirez-vous dépend uniquement du nombre de personnes que vous servez.

Dans mes interviews, j'ai rencontré certains des individus des plus généreux. Ils sont généreux avec leur temps, leur argent, et sont passionnés de partager leurs connaissances. Ils sont toujours en train de donner.

LA ZAKAT REPAND LA RICHESSE

La Zakat est prélevée sur toute richesse inutilisée. Disons que vous ayez de l'argent qui dort dans votre compte bancaire. 2,5 % de cette somme est dû à la Zakat. Pour la plupart des cas, elle est destinée aux gens dans le besoin ; soit les pauvres ou les personnes endettées.

En Islam, les biens non utilisés doivent être distribués et non pas thésaurisés.

Disons que vous êtes un entrepreneur musulman à succès et vous décidez d'utiliser votre fortune pour bâtir une entreprise, ou pour financer un autre entrepreneur. Votre argent travaille et aucune Zakat ne sera prélevée de cet argent. N'est-ce pas quelque chose de formidable ? Cela veut dire que l'entrepreneuriat s'épanouit dans un marché libre qui applique les principes islamiques.

Disons que vous décidez de garder 10 000 $ dans votre banque (ou sous votre matelas), la Zakat à prélever s'élèvera à 4 600 $ au bout de 25 ans. Cela représente presque la moitié de vos économies qui part en fumée !

C'est énorme. Pourriez-vous éviter de perdre autant ? Absolument. En faisant travailler votre argent à votre bénéfice. Vous pouvez soit commencer un business ou investir dans le business de quelqu'un d'autre. Tant que vous réinvestissez vos profits et vos surplus de production dans votre entreprise, aucune Zakat ne sera due. Ceux qui ne suivent pas les principes islamiques sont désavantagés quand il s'agit d'entrepreneuriat.

Voyez-vous, le système économique dominant vous encourage à thésauriser votre argent. Vous êtes récompensés pour garder votre argent de manière statique au lieu de le faire travailler. C'est ce que représente l'intérêt.

En Islam, ce que nous avons est un système qui récompense la prise de risque calculée au lieu d'espérer que votre richesse grandit grâce à l'intérêt.

En tant que musulman, ces bonnes nouvelles devraient vous réjouir. Vous obéissez en réalité à Allah (SWT) quand vous faites en sorte que votre argent se fructifie et que votre communauté prospère le plus vite possible. Voyez-vous combien votre religion vous encourage à devenir prospère ?

LE BESOIN D'UNE
PHILOSOPHIE DU SUCCÈS

1

QU'EST CE QUI APPORTE LE SUCCES ?

MUSULMANS : DEVENEZ RICHES !

Chacun de nous a une mission qui nous a été confiée par notre Créateur. Parmi tous les humains, le musulman a une place spéciale parce qu'il utilise les principes divins pour remplir ses besoins matériels et spirituels sur cette terre.

Voyez-vous, en Islam, on ne vit pas juste pour l'âme, le corps ou l'esprit. Vous pouvez par exemple vous rapprocher d'Allah (SWT) en vous mariant. Vous vous rapprochez encore plus de Lui en accumulant des richesses et en dépensant ces richesses pour plaire à notre Créateur. Cela est le chemin du juste milieu prôné par l'Islam. Comme religion du juste milieu, Allah SWT veut de nous que nous possédions des choses pour Le glorifier.

La richesse est donc essentielle pour vous.

Pourtant, les gens me demandent souvent : «pourquoi devrais-je chercher à avoir plus et à devenir plus?» Ma réponse est simple. Pour manger de la bonne nourriture, boire de la bonne eau et vivre dans un espace confortable et cultiver son esprit avec des livres et par le voyage.

Ces choses-là, vous pouvez uniquement les faire en étant riche.

La seconde raison pour laquelle vous voudriez être riches, c'est pour être en mesure de donner. Combien de fois nous a-t-il été ordonné de donner de la charité dans le Coran? Pensez à ceci : comment allez-vous donner si vous n'avez pas les moyens? C'est pour cela que dans un fameux incident le Prophète SAW a rendu clair la supériorité des Sahabas riches, forts et pieux sur tout le reste.

Voyez-vous, Madinah (Médine) était la cité de l'immigration pour les musulmans qui étaient persécutés. Ils ont quitté leurs maisons et leurs communautés pour pratiquer leur foi. Certains de ces musulmans étaient pauvres et étaient connus comme «gens de Souffa». Cela veut dire qu'ils dormaient dans le masjid (mosquée). En même temps, certains autres compagnons étaient très prospères et pouvaient dépenser librement en charité. Les pauvres gens de Souffa, eux, ne pouvaient pas.

Les pauvres parmi les compagnons, qu'Allah soit satisfait d'eux, vinrent au Prophète SAW pour se plaindre de leur situation :

«Les riches prient comme nous, ils combattent quand nous le faisons et pourtant ils ont un avantage : ils dépensent alors que nous ne le pouvons pas» dirent-ils.

Maintenant, je voudrais que vous vous posiez la question suivante : combien de fois avez-vous voulu donner alors que vous ne pouviez pas ?

Revenons à l'histoire ; le Prophète SAW donna aux gens de Souffa des invocations (Dhikr) pour qu'ils puissent rattraper les autres riches Sahabas. Cependant, les Sahabas riches entendirent parler de cela et commencèrent à faire le même Dhikr. Quand les gens de Souffa protestèrent, le Prophète SAW dit que cela est une faveur d'Allah. Il favorise certaines personnes sur d'autres.

L'autre raison pour vous de devenir riche est que vous puissiez investir dans des idées. Et je suis certain qu'en au moins une occasion, vous vous êtes dit : si seulement j'avais de l'argent, je bâtirais ceci ou j'investirais dans ceci ou cela. C'est uniquement en ayant une solide assise financière que vous pourrez investir dans des idées ou dans des projets.

Pour avoir cette abondance en richesses, vous devez d'abord avoir une abondance dans votre esprit. Cela se reflète par une confiance positive en soi-même et par le fait d'être optimiste.

COMMENT JOUER LE JEU ?

Le succès peut être évasif. Parfois, vous faites des pieds et des mains pour avoir une chose, mais à chaque fois que vous êtes sur le point de l'avoir, elle vous échappe. Cela pourrait être un objectif que vous avez ou quelque chose que vous voulez posséder. Mais elle continue à vous échapper. Vous êtes-vous déjà demandé pourquoi cela est le cas ?

C'est lié à la préparation. La chose que vous désirez peut vous venir à n'importe quel moment, mais vous avez besoin d'être prêt pour la recevoir. Le succès viendra, mais uniquement au bon moment. Le succès n'est jamais en retard ou en avance. Il arrive toujours au moment opportun. Et si vous n'êtes pas prêt et que vous devenez riche, alors il est très probable que vous allez tout perdre pour ne jamais vous rattraper.

Vous verrez cela arriver tout le temps. Les gagnants de la loterie sont un bon exemple. En juste 5 ans, ils ont tendance à perdre tous les millions qu'ils ont acquis en jouant au hasard. On voit la même situation avec les gens qui deviennent riches en utilisant la corruption gouvernementale et non pas l'entrepreneuriat.

Dans votre processus d'acquisition de richesse et de succès, si vous faites face à des défaites, assumez juste que vous n'êtes pas encore prêt. Améliorez-vous de sorte que vous soyez prêt quand la réussite se présentera à vous.

Le second facteur qui vous permettra d'atteindre votre plein potentiel est de vous positionner pour le succès.

Pensez-y de cette manière : si votre objectif est de devenir un grand entrepreneur et d'atteindre le succès financier, vous vous devez de commencer un business. Cela semble évident. Beaucoup de soi-disant entrepreneurs ou de personnes qui rêvent de devenir entrepreneurs ratent ce point. En fait, ils n'ont jamais commencé.

Le dernier facteur important qui empêche la plupart des gens d'atteindre le succès est juste leur manque de connaissances.

Si vous ne savez pas ce que vous faites, il pourrait vous être difficile d'atteindre quelque chose. Parfois, vous ne savez tout simplement pas ce que vous ne savez pas alors que si vous saviez, vous y arriveriez plus vite.

Donc, la chose intelligente à faire est de demander aux gens qui ont été à ce stade et qui connaissent le chemin qui mène au succès. Vous avez rencontré certains d'entre eux dans ce livre et vous pouvez apprendre ce qu'ils ont fait pour atteindre de bons résultats.

LE FIOUL ECONOMIQUE

Donner la Zakat est une obligation (fard). C'est l'un des cinq piliers de l'Islam. Le premier pilier est la Shahada qui est la déclaration de la correcte foi en Allah et en son Messager SAW. La Chahada vous donnera la foi qu'il faut pour mener au succès réel qui perdure.

Parce que vous dépendez maintenant du Créateur qui est le Pourvoyeur de tout. Vous croyez avec certitude que vous allez recevoir votre providence et que vous allez suivre l'exemple de la vie prophétique.

Le second pilier est la Salat (prière). C'est une connexion dévotionnelle avec votre Créateur faite 5 fois par jour. En tant qu'entrepreneur, Allah est aussi le Pourvoyeur qui va vous donner tout ce dont vous avez besoin pour votre subsistance. Ce que vous voulez acheter, où vous voulez vivre, tout vous vient d'Allah, votre unique source.

Ensuite, il y a la Zakat. La Zakat est le fait de donner aux gens qui sont dans le besoin la richesse que vous n'utilisez pas de façon productive. Par exemple si quelqu'un a des économies qui sont juste là, inutilisées, alors 2,5 % de ces économies sont dues aux gens qui en ont le plus besoin. Cela inclut les pauvres, les voyageurs, les malades, entre autres. Il y a une vaste littérature religieuse qui traite de la Zakat et de ses règles. C'est l'acte d'adoration la plus noble après la prière. Le nombre de fois que ça a été mentionné dans le Coran est égal au nombre de fois la Salat a été mentionnée.

Mais il faut comprendre que s'il n'y a pas de surplus de richesse, il n'y a pas de Zakat. Si en ce moment vous utilisez tout votre argent pour payer les factures, ou pour couvrir vos dépenses basiques, il n'y a pas de Zakat due du tout. Vous êtes encouragés à avoir plus de richesses parce que ce surplus va vous permettre de payer la Zakat et les pauvres pourraient être pris en charge. Souvenez-vous que la Zakat dépend du surplus de production, de richesse et de ressources.

Pas de surplus, pas de Zakat. La Zakat vient juste après la prière. Et le succès dans cette vie importe à ce point parce qu'il vous permet de donner la Zakat un acte d'adoration énorme. Pour un propriétaire d'entreprise, il est plus facile d'avoir ce surplus que pour l'employé qui a rarement une richesse qui ne bouge pas. C'est surprenant, la Zakat vous encourage réellement à devenir fortunés et tire le meilleur de vous.

LA REGLE DES 10 À 33%

Il y a des choses que vous pouvez faire pour dramatiquement améliorer vos chances de succès en tant qu'entrepreneur.

Une de ces choses est simplement:

« Si vous voulez plus, alors donnez plus !»

Si vos parents sont encore en vie, alors vous êtes gâtés. Vous pouvez faire en sorte qu'ils soient heureux et cela va avoir un effet direct sur vos résultats. Donc, faites que votre objectif est de réserver une part de vos revenus à vos parents. S'ils ont quitté ce monde que nous vivons alors vous pouvez faire le Hadj pour eux.

La Sadaqa (charité) est aussi un grand facteur pour augmenter vos chances. Selon Imam Ashraf le Fondateur de la compagnie NTG Clarity Networks Inc. : si vous donnez 10 % de vos revenus en charité, alors votre business ne diminuera jamais.
Ce plan semble incroyable, n'est-ce pas? Quand les choses vont mal, cela importera encore plus !

Vous pourriez dire : « Oumar, je n'ai pas un bon business en ce moment. Ne pas sombrer ne suffit pas. Je voudrais grandir mon chiffre d'affaires de façon exponentielle !»

La réponse est encore la charité : donnez 33 % de vos revenus et vos affaires augmenteront de manière permanente. De toute évidence, il y a des choses à éviter. Il est noble de faire le bien et cela va naturellement vous empêcher de faire le mal cependant l'entrepreneur pourrait oublier et tomber dans les choses interdites.

Je vais citer les choses les plus importantes à éviter pour que vous connaissiez un grand succès en tant qu'entrepreneur musulman.

La première chose est la Riba (l'usure) qui est sous sa forme la plus connue une forme d'intérêt. Dans le chapitre «stratégies pour bâtir de la richesse», vous verrez comment les entrepreneurs musulmans sont capables d'accumuler des grandes richesses à travers des investissements et des partenariats au lieu d'utiliser l'intérêt.

La seconde chose à éviter, ce sont les relations amoureuses en dehors du mariage. Elles répandent la maladie, le doute et la pauvreté dans la société. Le chapitre sur le pouvoir du groupe peut réellement vous aider à réussir. Le mariage avec la bonne personne peut vous propulser vers la réussite.

VOTRE VERITABLE ASPIRATION

En Islam, l'objectif est d'adorer notre créateur Allah. Le Coran dit :

« Je n'ai créé les djinns et les hommes que pour qu'ils M'adorent. Je ne cherche pas d'eux une subsistance ; et Je ne veux pas qu'ils me nourrissent. »

-Al-Qour'an, Sourah Adh-Dhariyat, Ayah 56-57

C'est un Ayah cité très souvent. Nous devons nous rappeler en lisant cet Ayah que la production et le succès font partie de l'adoration si cela est fait avec de l'Ihsan. Ihsan veut dire faire quelque chose de la meilleure manière avec la meilleure intention. On discutera de cela plus tard dans le chapitre de l'éthique du travail.

Maintenant, vous devez comprendre que produire quelque chose de valeureux pour la société autour de vous est un acte d'adoration. Avoir du succès en cela est un acte d'adoration. Cheikh Said m'a dit quelque chose d'incroyable à propos de la Sourate Douha, où Allah dit :

« Et quant au bienfait de ton Seigneur, proclame-le. »

-Al-Qour'an, Sourah Ad-Douhaa, Ayah 11

Il expliqua qu'en termes économiques, si vous devenez millionnaire ou très réussi, alors faites le savoir. De cette manière, les gens vont se rappeler la faveur d'Allah à travers vous. Ils savent vers qui aller pour de l'aide. Cela est aussi une part de l'adoration.

Souvenez-vous ; le Prophète SAW a été ordonné de dire :

« En vérité, ma Salat, mes actes de dévotion, ma vie et ma mort appartiennent à Allah, Seigneur de l'Univers. »

-Al-Qour'an, Sourah Al-Anam, Ayah 162

Donc, tout ce que l'entrepreneur musulman fait est un acte d'adoration du moment que c'est halal. Il n'y a pas de contradiction entre le culte et le succès dans cette vie.

Avoir une très bonne relation avec votre femme fait partie du culte. Avoir des enfants est un acte d'adoration. Avoir une belle maison est un acte d'adoration.

C'est pour cela que l'islam est une très belle manière de vivre. Il vous permet d'atteindre le succès de manière noble et globale. Cela vous permet de croire qu'en atteignant le succès, vous êtes réellement en train de faire un acte d'adoration.

Alors, si tout ce que vous faites est un acte d'adoration, la question devient : «qu'est-ce qu'Allah veut spécifiquement de nous?» La question invite à s'autoévaluer. Evaluez votre propre personnalité et décidez de vous-même. Comme vous allez le voir dans le chapitre sur les compétences clés pour véritablement devenir un grand entrepreneur, vous devez acquérir un très haut niveau de compétences. Il sera important de découvrir quel est le meilleur parcours pour vous de sorte que vous puissiez commencer à acquérir ces compétences immédiatement. Votre temps et votre énergie sont trop valeureux pour être gaspillés.

LE TRESOR CACHE

Tous les jours, les gens écrivent des livres sur le leadership ou comment bâtir des relations ou sur l'argent. Ces sujets sont des catégories du succès. Ces livres vont vous apprendre comment faire un profit. Comment tirer avantage des marchés, des actifs, comment commencer des relations de manière réussie, comment les maintenir? Ces domaines sont couverts de manière considérable.

Mais très peu ont été écrits dans ces domaines en utilisant les bonnes valeurs spirituelles, les valeurs islamiques. Le trésor du savoir que le Prophète SAW et les savants musulmans nous ont laissé n'a pas encore été entièrement exploité.

Certains livres ont été écrits sur le commerce, mais le point focal n'a pas été la création de corporations pour faire des profits, ou comment réussir dans le contexte d'aujourd'hui?

Du point de vue occidental, il y a beaucoup de tâtonnements quand il s'agit de spiritualité. Elle est basée en majorité sur le Nouvel Age, une nouvelle gamme de religions qui apparaissent et mettent Dieu de côté, et parlent par contre de «la Nature» et de «l'Univers». Il peut y avoir un bénéfice initial en traitant le sujet sous cet angle. Mais quand la guidée d'Allah est ignorée, on verra des erreurs apparaître plus tard.

Ce que vous avez dans ce livre-ci est spécial. L'islam rend justice à nos vies ici-bas et dans l'au-delà. Je voudrais que vous viviez la vie future tout en étant prospère dans cette vie d'ici-bas.

Souvenez-vous que Makkah (Mecque) était une cité de commerçants. Les Qouraish étaient très prospères et faisaient de larges profits. Le Prophète SAW lui-même était un entrepreneur à succès. Donc je peux dire, sans être biaisé, que l'Islam est la spiritualité parfaite pour définir le succès et montrer la voie qui y mène.

C'est pour cela qu'on voudrait savoir ce que les entrepreneurs musulmans pratiquent pour atteindre le succès. Qu'est-ce qui marche aujourd'hui? Quelle est leur manière de penser?

2

LE SUCCES S'APPREND

LE CHAUFFEUR DE BUS MILLIARDAIRE

J'ai une grande nouvelle pour vous : le succès s'apprend. Si vous n'êtes pas encore prospère en ce moment, ou bien vous aimiez être à l'étape supérieure dans votre succès, alors sachez que le succès c'est comme apprendre à conduire.

La première fois que j'étais au volant, j'avais très peur. C'était très inconfortable. Vous ne savez pas si vous êtes du bon côté de la route et les voitures roulent très vite. Donc j'avais peur de conduire. Mais une fois que j'appris cette compétence, cela devint très facile. Vous avez juste à vous asseoir et y allez comme en pilotage automatique.

De la même manière, quand vous commencez votre entreprise, au tout début, cela peut sembler difficile et même infaisable. Vous pouvez même vous étonner et vous demander comment il se fait que certaines personnes puissent le faire. Alors que pour les entrepreneurs à succès, la réussite peut apparaître comme une habitude. Ils sont toujours en train d'atteindre leurs objectifs et de produire de bons résultats, quel que soit leur domaine.

Sachez ceci ; les gens prospères ne sont pas nés ainsi, ils se sont développés. Vous pouvez apprendre de même. Comme c'est le cas pour conduire. Vous pouvez toujours devenir plus. Plus intelligent. Plus savant. Plus discipliné. Vous pouvez toujours faire plus. Plus de bonnes choses pour cette vie et pour l'au-delà. Si vous avez cette attitude, vous pourrez toujours passer à l'étape supérieure.

Ce que vous devez réaliser c'est que nous avons tous beaucoup de potentiel. Pas seulement l'entrepreneur musulman. N'importe quel bébé est né comme un canevas vierge et a la connaissance requise pour l'apprentissage. Un bébé ne sait rien d'autre, sinon qu'il a la faculté d'apprendre. Cela est la plus profonde forme de savoir. Par exemple, un bébé ne va jamais penser, je ne peux pas marcher, je ne peux pas parler. Ils savent qu'ils peuvent parce qu'ils voient les gens autour d'eux le faire. Ils savent que si des gens comme eux savent comment faire telle chose, eux aussi peuvent le faire. Même s'ils doivent le faire encore et encore. Finalement, ils apprendront à marcher et à parler.

De la même manière, en tant qu'entrepreneur musulman, vous avez beaucoup de potentiel. Beaucoup de gens avant vous avaient exactement les mêmes difficultés. Que ce soit pour payer les factures ou pour subvenir aux dépenses du business. Sachez que des millions de gens avant vous avaient le même problème et l'ont résolu.

Sir Anwar Pervez était une fois un simple conducteur de bus, à Bradford, en Angleterre. Il se lança de lui-même dans son business et est maintenant un milliardaire. Il ne s'inquiète plus de comment payer les factures.

Mon espoir pour vous est que vous appreniez des gens qui ont surmonté les mêmes difficultés que vous. Appliquez juste les mêmes principes. Et devinez quoi ? Vous aurez les mêmes résultats.

TROIS PETITES PRINCESSES

En tant qu'entrepreneur musulman vous savez que quand vous enseignez de bonnes choses, vous partagez la récompense de ces bonnes choses comme résultat.

Par exemple, si vous apprenez à beaucoup de gens comment devenir riche, comment réussir, comment investir, vous aurez des gens plus prospères autour de vous. Cela est vraiment utile. Imaginez-vous qu'un jour vous ayez besoin d'aide ou d'un associé pour aller en business avec vous. Si tous vos contacts sont pauvres, alors bonne chance. Mais si un bon nombre a réussi, vous en bénéficierez. Cela est un bénéfice automatique. Mais en Islam, on va à l'étape supérieure.

En impactant d'autres personnes, vous serez récompensés dans l'au-delà aussi. Quiconque fait une bonne action va voir la récompense dans les deux vies. C'est un concept très puissant.

La seconde raison est que vous le faites pour avoir plus de prospérité pour vous même. En tant que musulman on partage ce qui est bien parce que les ressources d'Allah sont infinies. De cette manière, on finit par devenir plus prospère. On n'est pas inquiet, car les ressources d'Allah sont inépuisables.

Malheureusement, il y a une fausse idée selon laquelle les ressources sur terre sont finies. Que nous ne pouvons pas avoir plus et qu'il nous faut moins de personnes. Cela est une mentalité de restriction et est très préjudiciable. Cela est enseigné dans les écoles tout autour du globe. Sachez que pour chaque individu créé, Allah lui met son Rizq devant lui. Cela est calculé et envoyé avec la proportion qu'il faut. Donc Il fournit suffisamment de Rizq (subsistance), suffisamment de récoltes, suffisamment de pluie, suffisamment d'or, suffisamment de technologie pour accommoder tous les gens sur Terre. Les ressources sont en réalité infinies. C'est Allah qui crée et Sa promesse est qu'Il subviendra à nous tous.

Vous n'avez pas à être concernés par ce que les autres personnes obtiennent ; elles ne vont pas s'accaparer toutes les ressources. Sachez que la richesse est véritablement infinie. Elle augmente en même temps que les gens augmentent. Vous ne perdez rien en apprenant à vos frère ou sœur de Foi comment devenir prospère et comment réussir. Vous n'êtes pas en compétition avec qui que soit excepté vous-même pour votre subsistance (Rizq).

Si vous faites ce que vous êtes censés faire en suivant les principes soulignés dans ce livre, vous connaîtrez la prospérité. Peu importe ce que les autres personnes font. Apprendre aux gens à prospérer vous sera véritablement bénéfique.

La troisième raison pour enseigner le succès et les bonnes choses est que vous allez en apprendre plus. Sachez que pendant ma carrière de chercheur-doctorant, une de mes responsabilités était d'enseigner. Et je peux vous dire qu'enseigner est quelque chose de très noble. Le plus vous enseignez, le plus vous apprenez.

J'ai eu une expérience similaire durant mon coaching. J'étais le mentor de Mamadou Tidiane Diop et lui donnais une leçon à propos du business de marketing dans le net et bâtir une audience pour soi-même. Il apprit beaucoup du développement personnel qui était un nouveau domaine pour lui. En tant que nouveau père d'un triplet de filles, il commença à rêver d'un changement profond dans sa vie et d'une plus grande prospérité. Il crut qu'il était capable de pourvoir aux besoins de sa famille de la meilleure manière et en même temps de venir en aide aux autres. Il me remercia de l'avoir encouragé à poursuivre ses objectifs. Je peux vous dire juste qu'en enseignant ce sujet, je le maîtrise dix fois plus.

C'est pour cela qu'enseigner est si noble.

Votre connaissance augmente au fur et à mesure que vous enseignez. Alors, enseignez le succès. Enseignez le bien. Donnez à quelqu'un ce livre. Cherchez des conseils et donnez de bons conseils aussi et observez les gens prospérer autour de vous. Parce qu'encore une fois, les bienfaits de votre seigneur sont infinis.

BATISSEZ, NE BRULEZ PAS

Au lieu de critiquer, ajoutez au trésor du savoir. Sachez que le succès a été étudié pendant des centaines et même des milliers d'années. Il y a déjà une littérature énorme sur ce sujet. Les musulmans l'ont étudié. Il y a par exemple, le «Kitaab al Amwaal» (le livre de la richesse) écrit en arabe par Abou Jafar, 1000 ans plus tôt.

Récemment, l'Occident l'a poussé encore plus loin. Au début du vingtième siècle, l'auteur américain Napoléon Hill écrit son fameux livre Pensez et Devenez riche. Ce sont des livres incroyables sur le succès, la prospérité, l'argent.

Napoleon Hill commença un mouvement dans le domaine du bien-être, de l'aide à soi et ça a été, depuis, extrêmement populaire. Si vous lisez les livres sur le développement personnel, vous allez sûrement acquiescer. Mais ce livre-ci est à ma connaissance le premier livre de ce genre qui donne une perspective musulmane sur la richesse et le succès en ces temps récents.

Cela veut-il dire que l'information qui existe déjà sur les étapes qui mènent au succès mais qui ne provient pas de la recherche islamique est à 100 % fausse? Non, pas du tout. La majorité de cette information est correcte à mon opinion.

Mais pourquoi ne pas aller à l'étape supérieure? Ce que nous voulons faire c'est ajouter à la connaissance au lieu de critiquer et de détruire ce qui existe déjà.

L'objectif n'est pas juste de faire quelque chose par nous-mêmes. C'est d'impacter beaucoup de gens, quelle que soit leur origine, et de bénéficier toute l'humanité. Parce que c'est cela être musulman.

Si nous voulons étudier ce que l'Islam dit à propos de la richesse, nous devons étudier les entrepreneurs musulmans qui ont déjà atteint le succès. C'est cela emporter la philosophie du succès à l'étape supérieure. Dans ce livre, j'ai évité autant que possible tout le savoir académique ou venant de livres. Au lieu de cela, je vous ai donné ce qui marche aujourd'hui pour autant de leaders et entrepreneurs musulmans. Eventuellement, les leçons que vous allez apprendre ici peuvent être appliquées dans chaque domaine, et même au-delà de votre business.

Je termine cette section en vous rappelant que l'infériorité est inhérente à la critique. Par exemple, si d'autres personnes ont déjà écrit des milliers de livres, il n'est pas très utile de tout détruire ; on peut apprendre des autres. Ce qui est requis de l'entrepreneur musulman c'est de discerner ce qui sert de ce qui ne sert pas. C'est seulement les petits esprits qui diront que vous ne faites rien de bon. Un esprit supérieur va utiliser ce qui marche déjà et le rend meilleur.

Quand j'ai rencontré M. Shahzad Siddiqui pour la première fois, un jeune avocat qui a la trentaine, il étudiait la biographie du président américain Lincoln. Il me dit qu'il est à la recherche de certains principes que Lincoln a appliqués pour transformer sa vie. Il est allé d'une personne qui tâtonnait dans plusieurs business avec un succès inexistant pour devenir président plus tard. M. Shahzad lui-même est l'auteur de 3 livres sur la finance islamique.

3

LE MENTAL DU MILLIONNAIRE MUSULMAN

OÙ SONT LES MUSULMANS QUI ONT REUSSI ?

Ils sont partout. Tout autour de vous.

J'ai vu en Afrique des personnes qui ont une fortune nette très élevée. J'ai en tête M. Aliko Dangote qui vaut plus de 20 milliards de dollars. Il a été éduqué à l'Université d'Al Azhar, en Egypte, et est l'entrepreneur africain le plus fortuné de notre temps.

J'ai vu des gens en Amérique du Nord devenir très fortunés. Je pense à Dr Yaqub Mirza, l'investisseur et les frères Mirza qui font du marketing sur internet. Je pense à M. Rizvee qui travaille dans la construction et dans l'immobilier. Je pense aux frères Zaghloul qui sont en train de bâtir des business extraordinaires au Canada et en Egypte et qui ont réussi à rendre publiques plus de dix entreprises.

Je pense à des gens en Turquie comme Mme Selva Gurdogan dont le cabinet architectural est connu du monde entier. Je pense à Dr Amina Coxon, le docteur de Harley Street à Londres.

Je pense à des gens au Pakistan comme M. Shahid Tata ; est à la tête d'un grand business dans le domaine du textile, l'entreprise Tata. Je pense aux fondateurs du groupe REDCO à Doha, les frères Rahman. Je pense au Sénégal où M. Jamil est propriétaire d'une chaîne de production de denrées alimentaires. Il commença juste en vendant sur le trottoir et réussit à ouvrir une boutique et est maintenant propriétaire d'une large chaîne de production d'emballages et de transformation de denrées alimentaires.

De l'Afrique à l'Asie, de l'Amérique du Nord à l'Océanie, ils y sont. Beaucoup d'entrepreneurs musulmans sont devenus très fortunés et ont un grand impact sur les gens.

Les entrepreneurs musulmans sont en train de gagner où qu'ils soient. Ils appliquent les principes issus de la révélation, ce qui est un avantage pour eux.

Maintenant, de temps à autre, vous verrez quelque chose hors norme. Dans certains cas, des tyrans ou des gens malhonnêtes peuvent temporairement bloquer votre chemin qui mène au succès. Mais sachez que la terre est vaste.

Des gens émigrent. Certains restent dans leur pays d'origine. Donc est-ce qu'il y a une place spécifique pour devenir fortuné?

Non.

Où que vous soyez, vous pouvez devenir riche à condition qu'il n'y ait pas de guerre. Parce que vous ne pouvez pas construire une usine dans des circonstances instables. Mais dans des circonstances suffisamment stables, oui, vous pouvez prospérer.

Oui, vous pouvez devenir riche. Lisez le livre «Acres of Diamonds» (Hectares de Diamants) de Russell Cronwell pour bâtir votre croyance qu'il est possible de bâtir votre fortune où que vous puissiez être.

Maintenant, où en sont les entrepreneurs musulmans comparés aux autres? Ils sont parmi les plus fortunés sur terre. Encore une fois, M. Dangote vaut plus de 20 milliards de dollars, M. Premji en Inde vaut aussi plus de 20 milliards, dans la péninsule arabique, le prince Al Waleed Bin Talal a récemment fait la une des médias en donnant plus de 30 milliards de dollars de sa fortune personnelle en charité.

Donc, ils sont très haut placés sur le piédestal du succès. Est-ce que cela a toujours été le cas? Oui. Les musulmans ont été très prospères.

Prenez l'exemple de Mansa Moussa, le roi musulman de l'empire du Mali, en Afrique de l'Ouest. Il s'engagea au hadj avec 60 000 de ses sujets. Ils s'arrêtèrent au Caire sur le chemin de la Mecque et offrirent tellement d'or en charité que le marché de l'or au Caire connut une chute durant les 200 ans qui ont suivi.

Donc, le succès est partout, dans chaque génération. Sachez que beaucoup de gens comme vous ont emprunté le chemin du succès. Vous pouvez aussi le faire si eux ont pu le faire.

GARDEZ-LE PUR

Le concept du Niyyah en Islam nous donne un avantage pour le succès. Cela nous apprend à avoir la bonne intention. Comment faire une bonne action, comment atteindre le succès le plus rapidement possible.

Vous êtes-vous déjà senti mal, en colère, frustré ou inquiet ? Ce type d'émotion est généralement créé par la mauvaise manière de penser. Les pensées comme « Dieu ne va pas subvenir à mes besoins, il n'y a pas assez de ressources sur terre, je vais échouer » sont des pensées négatives. Ce genre de pensées est paralysant. Les gens qui ont ce genre de pensées ont très rarement réussi.

J'ai une fois fait un examen et j'avais adopté la mauvaise manière de penser. J'étais très stressé et j'ai fait une performance lamentable comparée à mon standard habituel, même si je n'avais pas échoué l'examen. Lors d'un autre examen, j'étais très relax. J'avais la bonne manière de penser et ma performance a surpassé tout le monde. Pourquoi étais-je stressé lors de mon premier examen ? Parce que j'essayais de contrôler avec mon esprit ce que je ne pouvais dompter : le futur.

Cela est vrai où que vous alliez. Si vous pensez de la bonne manière, faites la bonne action, vous aurez le bon résultat.

Dans votre business, dans votre vie, dans tout ce que vous faites, l'Islam invite à faire la bonne chose avec la bonne intention.

Donc votre intention peut-être : «je veux travailler avec cette entreprise, je veux gagner cette somme d'argent».

Dans quel but? La chaîne de raisonnement pourrait être «Je veux nourrir ma famille, partager avec ceux qui n'ont pas la chance de vivre dans un meilleur environnement, aller au Hadj, plaire aux parents, plaire à Allah SWT.» Déterminez ce que votre intention est et voyez ce que les résultats donneront.

LES RICHES PENSENT DIFFEREMMENT

Etre pauvre est une attitude. Être riche est aussi une attitude.

Le Coran parle de ces musulmans vertueux que vous pouvez reconnaître parce qu'ils sont démunis et pourtant ils ne demandent pas. Voyez-vous, il n'y a rien de mal à ne pas avoir de moyens financiers, de l'argent. Des millions de gens sont dans cette situation. La privation temporaire, ce n'est pas mal en soi. Ce qui est dangereux, c'est la pauvreté permanente. On voit cela quand l'individu décide d'être pauvre de façon permanente. Être pauvre est un état d'esprit. C'est dire : «Je suis pauvre et voilà tout. Il n'y a pas de richesse pour moi.»

Donc, quelle est la différence entre le riche et le pauvre ou la personne ordinaire ?

La différence principale est que le riche pense plus grand. Juste pour clarifier, je vais donner des chiffres monétaires en dollars américains. Si vous pensez que vous valez 50 000 dollars par an, il sera très probable que vous allez étudier très dur et que vous allez devenir un ingénieur ou quelque chose de similaire qui vous permettra de gagner une somme pareille.

Si vous pensez que vous allez gagner 300 000 dollars il serait naturel de voir comment faire pour devenir un athlète ou un chirurgien ou quelque chose de similaire. Si vous pensez encore plus grand, vous allez probablement vous lancer dans la manufacture ou avoir une usine. Vous voyez un peu ?

Si vous pensez que vous êtes un milliardaire, vous êtes probablement en train de bâtir des hôtels ou des entreprises énormes, vous êtes constamment en train de réaliser encore et encore. Comme vous pouvez le voir, c'est une question de croyance. Donc, pensez-y de cette manière et vous prospérerez dans votre business même si vous travaillez pour quelqu'un d'autre. En ce moment, la somme que vous acquerrez reflétera ce que vous pensez valoir. Vous êtes exactement où vous pensez devoir être. Pas un sou de plus, pas un sou de moins.

Par exemple, avez-vous déjà remarqué que vous avez toujours à peu près la même somme d'argent qui reste à la fin du mois ? Si en ce moment vous gagnez disons 50 000 dollars par année, remarquez-vous que vous avez tendance à gagner cette somme d'argent de manière constante. Même si vous perdez votre emploi vous avez tendance à revenir à une pareille somme d'argent.

C'est parce qu'il est très difficile pour quelqu'un qui a l'habitude de gagner 50 000 dollars par année de descendre de façon brusque à, disons une somme de 20 000 dollars. Il croit qu'il vaut 50 000 dollars. Certaines personnes croient qu'ils valent 500 000 dollars par année et elles gagnent cela. Si ces personnes gagnent uniquement 50 000 dollars par année, elles se sentent pauvres. Donc ils font juste ce qui est nécessaire pour gagner cette somme d'argent qu'ils ont l'habitude de gagner.

Votre business n'est pas du tout différent. Si vous croyez véritablement que vous allez réussir et prospérer, vous allez tendre vers la réussite. C'est pour cela que ma recommandation pour vous est de penser grand. Pensez plus grand. Ayez de grandes ambitions et des grands rêves. Cela est une caractéristique du croyant.

J'ai entendu l'Imam Said Rageah mentionner une personnalité islamique très respectée. Il était connu sous le nom de 5e calife pour sa droiture. Il venait d'une famille très riche. Il était le leader des musulmans environ 100 ans après le Prophète SAW.

Son nom était Oumar Ibn Abdel Aziz et il a été rapporté qu'il parla ainsi : « J'ai une âme qui vise toujours haut. C'est parce que quand j'étais un jeune homme je voulais marier Fatima une femme d'une noblesse prééminente avec un fort héritage familial et d'une grande beauté. J'y suis allé et je l'ai mariée. Après, j'ai voulu devenir gouverneur et je devins gouverneur. »

Après, il voulut gouverner le pays et il devint calife. Quand il vieillit et qu'il sentit la mort approcher, il dit : « Mon âme vise haut et j'espère que je vais atteindre Jannatoul Firdaws, le plus haut point du paradis. »

C'est cela l'attitude du musulman. Visez haut pour cette vie ici-bas et pour la vie dans l'au-delà. Développez cette attitude ; elle distingue celui qui connaît une réussite stellaire de l'autre qui est moyenne et ordinaire.

Pensez plus grand et vous aurez de grands résultats.

PRINCIPE III

ATTITUDE

1

FAITES LA PROMOTION DU BIEN

LA RELIGION DE L'OPTIMISTE

Le premier atout de l'entrepreneur musulman est son optimisme. J'ai eu l'opportunité d'interviewer une grande entrepreneure, Mme Oumou Ndiaye, la propriétaire d'une entreprise qui développe des logiciels de douane pour les entreprises et les gouvernements.

Elle est née et a été élevée au Sénégal. Puis elle est partie en France pour étudier les mathématiques appliquées avant de retourner dans sa patrie mère. Tout le marché africain était dominé à cette époque par des entreprises européennes et nord-américaines. Pourtant cela n'a fait que l'inspirer :

« J'ai étudié dans les mêmes universités que ces gens-là et je connais mieux le contexte africain que ces entreprises étrangères. Je crois que je peux y arriver. »

-Oumou Ndiaye, PDG ModelSiS

Elle fut capable de battre la compétition, que ce soit en termes de prix ou de qualité et sécurisa son premier grand contrat. Aujourd'hui, elle fait du business dans beaucoup de pays africains et planifie même d'aller dans les marchés européens et asiatiques. Son secret c'est qu'elle a su croire en elle-même et était optimiste à propos de la situation malgré la compétition lourde à laquelle elle faisait face.

En tant qu'entrepreneur musulman, assurez-vous de garder un mental fort. Ne laissez pas tomber lorsque les choses s'avèrent difficiles. Au contraire, cultivez l'optimisme. Ayez foi qu'Allah SWT qui vous a créé de rien, est complètement au courant de votre situation et qu'Il vous aidera.

La seconde source d'optimisme de l'entrepreneur musulman après la croyance en Allah, est l'encouragement très souvent répété dans le Coran à diffuser les bonnes nouvelles et s'abstenir d'en diffuser les mauvaises.

En tant que musulman, vous devez toujours voir le bon côté des choses. Encore une fois, ceci est l'un des traits du caractère prophétique. Le Prophète SAW dit à ses compagnons de ne pas lui dire les fautes de leurs frères parce que cela pourrait le conduire à nourrir des pensées négatives par rapport à cela la prochaine fois qu'ils se rencontreront.

Imaginez-vous toute la négativité que vous voyez à la télévision de nos jours en particulier concernant nos propres frères et sœurs.

Il est difficile d'avoir une bonne opinion des gens après les avoir vus faire des mauvaises choses. C'est pour cela que la plupart des entrepreneurs musulmans que j'ai interviewés ne gaspillent pas leur temps à regarder la télé. S'ils le font, c'est juste pour quelques minutes à la fois pour pouvoir suivre les nouvelles relatives à leur profession.

Je ne dis pas que regarder la télévision est mauvais, je dis seulement que c'est mauvais si vous avez un grand rêve.

BATIR LA CONFIANCE

Il s'agit là d'une des qualités les plus nobles du Prophète SAW : la persévérance, le courage, la vertu et au-dessus de tout, l'intégrité, la véracité et le caractère inspirateur de confiance. Etant le digne de confiance, «Al Amin», il fut connu sous ce nom parmi d'autres. Cette qualité se reflétait aussi sur ses compagnons comme Abou Bakr qui était connu comme le «Véridique» (As Siddiq). C'est une façon de se comporter de manière juste et franche. C'est ce qui en fait un trait de caractère important universellement.

Je me souviens avoir entendu Warren Buffett, l'un des investisseurs américains les plus respectés de nos jours, dire que l'intégralité de son business et du système financier était basée sur la confiance. Pourquoi ? Parce que vous n'allez pas faire une transaction financière si vous n'avez pas confiance en l'autre personne et vous doutez du fait que l'autre personne tiendra sa promesse.

De la même manière, j'ai entendu de Dr Yaqub Mirza, le PDG d'Amanah Mutual Funds que la confiance et l'intégrité sont les facteurs majeurs du succès. La manière dont vous traitez les gens est importante. Dr Mirza a été élevé par son père entrepreneur et il apprit de ce dernier l'art de la négociation et de faire des contrats. Une fois, il négociait un contrat avec une compagnie au Zimbabwe. Il utilisa certaines de ces techniques avancées de négociation. Très rapidement, il commença à dominer l'autre partie.

Il réalisa qu'il pouvait profiter de l'autre personne, mais il ne le fit pas parce qu'il se souvint qu'il devait être équitable et juste. Il s'arrêta donc. C'est ça l'intégrité ! C'est le genre de comportement qui a fait que son entreprise d'investissement attire plus de 3 milliards de dollars d'actifs.

Dr Ike Ahmed est à la tête d'un grand centre d'ophtalmologie au Canada et est un expert mondial du glaucome. Il est à la tête d'un business florissant qui accueille et traite plus de 600 patients par jour. Une de ses stratégies pour bâtir la confiance est d'être honnête et direct avec ses patients. S'ils n'ont pas besoin de chirurgie, il le leur dit. Il ne prend pas l'argent.

Ce que vous devez comprendre, c'est que votre caractère va éventuellement définir votre destinée. Alors, comment allez-vous développer le caractère prophétique ? Tout cela est basé sur ce que vous croyez, sur ce que vos efforts quotidiens sont. Le caractère musulman est une personnalité qui est dépendante uniquement d'Allah. Souvenez-vous que tout est déjà écrit. Vous ne pourrez pas gagner un sou de plus en trichant ou en vous plaignant ou en faisant quelque chose de frauduleux. Vous recevrez chaque sou qui était écrit pour vous. Cela est un concept très puissant. Tout ce que vous allez avoir c'est tout ce que vous deviez avoir.

Le caractère musulman est aussi très positif et encourageant. Donc, transmettez ces choses positives que vous entendez et abstenez-vous des mauvaises choses et ne repoussez pas les gens. Cela fait partie des recommandations du Prophète SAW. Si vous voulez bâtir votre entreprise et devenir prospère, suivez ces règles de base. Elles vous conduiront au succès, peu importe où vous habitez ou votre profession.

GARDEZ LE SOURIRE

Dans le domaine du succès, votre perspective est très importante. Si vous percez une chose de manière négative, alors elle le sera. Et cela affectera votre performance. Si vous percevez quelque chose de manière positive, elle la sera aussi. Maintenant quel rapport existe-t-il entre l'Islam et l'attitude positive de l'entrepreneur musulman ?

Le Prophète SAW dit :

« Rendez les choses faciles aux gens et ne les rendez pas difficiles. Donnez aux gens de bonnes nouvelles et donnez-leur de la joie et ne les chassez pas… »

C'est l'un des principes fondamentaux ; de croire qu'Allah veuille la facilité pour vous. Soyez certain que quoiqu'il vous arrive de positif dans votre vie, toutes les difficultés auxquelles vous faites face dans votre business ou dans vos relations personnelles, tout vous vient d'Allah.

Et pour illustrer ceci, je cite comme exemple, M. Mujeeb Ur Rahman, le PDG de REDCO à Doha. Il vient d'une grande famille d'affaires. Juste après son diplôme d'université, il décida de se lancer dans le secteur de la construction au Qatar avec son frère. Il mit dans la jeune compagnie, il garda le même enthousiasme qu'il avait en tant qu'ancien capitaine de l'équipe de hockey de l'université. Il travailla dur et par conséquent, le business grossit exponentiellement.

Cependant, les choses tournèrent au pire lorsqu'il devint trop important et que les politiciens essayèrent de les ruiner. Les deux frères furent emprisonnés. Mujeeb Ur Rahman fit face à des difficultés extraordinaires qui menacèrent même sa vie. Mais il se remémora le Coran et les exemples des prophètes comme Yousouf AS.

Si vous adoptez cette philosophie, tôt ou tard, vous réussirez. Aujourd'hui, Mujeeb Ur Rahman a su bâtir à nouveau son business et il garde un visage radieux et une foi indéniable en Allah.

Le Prophète SAW était connu pour son sourire. Il souriait toujours, était enthousiaste et plein d'énergie. Cette attitude affectait véritablement tout le monde autour de lui.

Faites de même ! Peu importe ce qui se passe, regardez le bon côté des choses. Souriez et avancez. Continuez à aller de l'avant et vous réussirez.

AIMEZ-LE OU ADOREZ-LE

Dans votre chemin vers le succès, vous verrez que l'émotion de la gratitude est l'un des traits de caractère les plus importants des détenteurs de succès.

D'abord, vous devez être conscients de là où vous en êtes. Posez-vous ces questions : où en suis-je réellement ? Suis-je si pauvre que cela ? Comment est-ce que je me porte ? Si vous savez comment lire, vous avez un téléphone portable, l'internet ou un ordinateur portable en ce moment, vous êtes privilégié. Et si en plus de cela vous avez le plus grand bienfait possible qui est la foi en Allah, vous faites partie des rares chanceux. Si vous avez une santé acceptable, soyez reconnaissant. Soyez reconnaissant quoiqu'il se passe.

Dites-vous : « je suis tellement content et reconnaissant envers Allah pour tout ce qu'Il m'a accordé. » C'est essentiellement « Alhamdoulillah » en arabe. Nous le disons tout le temps durant la prière.

L'une des meilleures manières de se remémorer les bienfaits d'Allah est de faire une liste de 10 bienfaits sur papier et de placer cette feuille à un endroit que vous pouvez voir tous les jours. De cette manière, vous demeurez reconnaissant partout où vous êtes.

Si vous avez un boulot en ce moment, même si vous n'aimez pas certains aspects de ce boulot, soyez reconnaissant. Je sais que vous auriez préféré être entrepreneur, mais avoir un job est fantastique pour le moment.

Des millions et des millions de gens sont en train de chercher un boulot et n'en trouvent pas. Si vous en avez un, soyez extrêmement reconnaissant envers Allah et envers votre employeur pour cette opportunité. Maintenant que vous savez exactement où vous en êtes, la prochaine étape pour vous est de regarder où vous allez. Quelle est votre destination?

Ce que vous devez dire ensuite est : « Je suis tellement content et reconnaissant à présent pour ceci et listez vos objectifs comme si vous les aviez déjà atteints. Par exemple, vous pouvez dire je suis tellement content et reconnaissant en ce moment d'être un millionnaire ». Ou bien « je suis tellement content et reconnaissant que mon entreprise XYZ soit si prospère », quel que soit votre business. Cela vous rend déjà content de votre situation et vous vous trouverez ouvert à beaucoup d'autres opportunités. Le plus reconnaissant vous êtes, le mieux c'est pour votre voyage vers le succès.

Ce qui rend la gratitude cruciale pour le succès est que lorsque vous devenez reconnaissant, vous êtes ouvert aux opportunités et les voyez venir à vous.

Vous ne penserez pas automatiquement « Oh ! Ça ne marchera pas ». Vous n'êtes pas pessimiste parce que vous êtes redevable. Être reconnaissant, c'est aussi être ouvert. Les deux sont liés. Quelle que soit la chose qui vous vient, c'est bon. Penser comme cela vous rendra extrêmement flexible et ouvert. Vous pourrez voir les opportunités tout autour de vous et les poursuivre et ainsi rendre votre entreprise prospère.

C'EST A VOUS DE CHOISIR

Maintenant que vous assumez toutes les responsabilités pour assurer votre propre succès, vous êtes maintenant un leader de business responsable. Vous êtes au cœur de vos actions, vous ne blâmez personne et vous vous focalisez à faire avancer les choses. La prochaine étape est de développer un esprit d'indépendance. Vous ne dépendez que de vous-même pour votre succès.

Souvenez-vous cela ne dépend de personne d'autre. Cela ne dépend ni de la banque, ni de l'école, ni de l'université, ni de vos diplômes, ni de vos parents ou de vos amis. Cela dépend entièrement du fait que vous embrassez votre grandeur pour devenir prospère.

JUSTE DE L'EAU COLOREE

Votre manière de penser affecte véritablement la personne que vous êtes et quel genre de résultats vous obtenez. Que ce soit dans le domaine de la santé, de la réussite financière, des relations humaines ou de votre connexion à Allah, vos pensées affectent globalement tout.

En d'autres mots, la manière dont vous pensez affecte non seulement vos résultats, mais aussi votre corps, au sens physique. Si vous pensez que vous êtes malade, vous êtes malade. Si vous pensez que quelque chose de mauvais va vous arriver, il est très probable que cela sera le cas. L'énergie négative affecte réellement votre corps.

Avez-vous déjà rencontré quelqu'un de vraiment négatif? J'ai eu un ami que j'avais connu pendant 3 ans. On s'était lié d'amitié parce qu'il était ouvert et était très bon en conversation. Toutefois, au fur et à mesure que notre amitié progressait, j'ai remarqué qu'il ne perdait jamais un argument. Il devait toujours avoir raison. Avez-vous déjà rencontré quelqu'un comme ça? J'ai aussi remarqué qu'il parlait souvent derrière le dos des gens de façon négative. Il les médisait fréquemment. J'ai commencé à me dissocier de cet ami. Pourquoi vous dis-je cela? Parce que cet homme est divorcé et a de terribles problèmes de santé. J'ai fini par me rendre compte que vos pensées affectent réellement vos résultats.

Je ne dis pas qu'en demeurant positif, vous n'aurez pas de difficultés dans votre vie. Il y avait des prophètes comme Ayoub AS qui souffrait d'une terrible maladie, de pauvreté, de perte d'enfants et d'autres tribulations pendant plusieurs années. La différence, c'est qu'il ne s'en est jamais plaint. Il s'en est plaint uniquement à Allah, et juste une fois, et ce après avoir enduré son calvaire pendant plusieurs années. Il est reconnu dans la communauté médicale que la moitié de la science appelée médecine n'est que du placebo. Le docteur donne de l'eau colorée au patient pour lui faire croire qu'il reçoit un soin réel. La chose incroyable est que cette eau colorée soigne véritablement les gens. S'ils y croient vraiment, ça les soignera !

Et cela démontre jusqu'à quel point l'entrepreneur musulman doit être positif. Donc, n'attirez pas ce qu'ils appellent la « malchance » sur vous. La malchance n'a rien à voir avec la chance ; nos propres pensées nous affectent, tout simplement.

Souvenez-vous, si vous craignez des choses telle la maladie et que vous êtes constamment consumé par des pensées négatives, il est très probable que quelque chose de négatif vous arrivera. Si vous cultivez des pensées positives et encourageantes, si vous espérez du bien d'Allah, de bonnes choses vous arriveront. Cela est aussi une tradition de notre noble religion. Allah dit : «Je suis ce que mes serviteurs attendent de Moi, et Je suis avec lui quand il se souvient de Moi. S'il se souvient de Moi, Je me souviens de lui.»

Cependant, la bonne crainte peut aussi être motivante. Dr Amina Coxon, un docteur de grande renommée, parle favorablement de ce genre de crainte : « La peur me motive. Je devais survivre. Je n'avais personne qui me payait pour me lever le matin. Vous devez survivre !»

2

VOUS ET VOTRE ENVIRONNEMENT

LA PEUR DE PERDRE

Il y a beaucoup d'énergies négatives autour de nous qu'il faut éviter à tout prix, car elles peuvent vous coûter votre succès. Une de ces choses négatives est la crainte.

La crainte est diverse. Cela peut être la crainte de perdre. Prenons l'histoire d'une femme qui avait une montre qui coûtait 7 $. Elle se rendit à un restaurant et y oublia sa montre. Il lui fallut deux heures pour retourner dans ce même restaurant et elle a dû dépenser 40 $ juste pour retrouver sa montre. Elle aurait pu aller dans un supermarché local et juste dépenser 7 $ pour avoir la même montre sans avoir à perdre son temps et son énergie. Ce qui l'a motivée pour dépenser autant de temps et d'énergie pour retrouver la montre c'est la peur de perdre. Je vous recommande d'ailleurs vivement d'utiliser cette technique si vous voulez faire bouger/motiver les gens à acheter votre produit ; ça marche à merveille.

Un autre type de crainte est celle de vieillir. Quelqu'un pourrait dire : «je suis trop vieux pour commencer mon business ou alors, qu'est-ce qui va m'arriver quand je deviendrai vieux ou bien je dois garder mon emploi pour avoir une retraite sûre». Cela mène à la procrastination. Souvenez-vous si vous pensez constamment que vous allez devenir vieux alors, il est très probable que vous allez vieillir très rapidement vous-même. Je crois que vous ne voulez pas que cela arrive de si tôt.

Il y a aussi l'énergie négative qui vient des doutes et de l'inquiétude. L'inquiétude est vraiment quelque chose qui peut vous drainer complètement de votre énergie.
En tant qu'entrepreneur, il vous faut changer et beaucoup bouger. Vous avez besoin d'énergie positive et non pas des vagues d'énergies négatives qui viennent de la peur et de l'inquiétude. Cette énergie négative pourrait retarder votre business de plusieurs années.

Ce que j'ai vu chez tous les entrepreneurs musulmans, c'est que ce sont des gens qui prennent les choses en main. Pendant que Mujeeb Ur Rahman et son frère étaient en train de construire leur business familial au Qatar, dans le domaine de la construction. Ils travaillaient tout le temps, ils visitaient les sites de construction eux-mêmes pour demander ce dont les bâtisseurs et les nouveaux clients avaient besoin. Ils obtenaient des nouveaux clients de cette manière. En un laps de temps, ils avaient plus de 1 800 clients et tout cela grâce à leur promptitude.

Ne laissez pas le doute infiltrer votre business ; ça va le détruire. Néanmoins, certaines décisions sont cruciales et ne devraient pas être prises à la légère, car le succès est attiré par la vitesse d'action.

Maintenant, en suivant ces étapes, aurez-vous toujours raison ?

Parfois, il arrive que vous fassiez le mauvais choix, mais les entrepreneurs qui réussissent font tout pour que leurs décisions soient correctes. Ils étudient leur domaine, ils font de leur mieux et s'assurent que la décision est la bonne en agissant. Parfois, le temps opportun peut être très court.

Donc, il vous faut bouger très rapidement et faire en sorte que les choses se réalisent. Et c'est comme ça que vous allez gagner. Nous parlerons de la prise de bons jugements dans le chapitre sur l'éthique du travail.

Evitez les énergies négatives en développant les énergies positives dont nous avons parlé. L'optimisme, l'autonomie, la responsabilité et le fait d'être reconnaissant. Tous ces traits de caractère devraient remplir votre réservoir émotionnel avec de l'énergie positive, de sorte qu'il n'y ait aucune place pour de l'énergie négative. Après cela, faites votre travail et devenez extrêmement performant.

IL L'ENVOYA DANS L'ESPACE !

Avez-vous déjà vu un millionnaire qui vit dans un bidonville rempli de crimes et d'insécurité ? Pas très souvent, n'est-ce pas ?

De la même manière, avez-vous déjà vu une personne pauvre fréquenter très souvent des quartiers huppés et très riches ? Pas très souvent non plus.

Vous pourriez penser que ça coûte très cher, mais allez à la plage par exemple dans ce quartier chic et vous verrez que ça ne coûte pas aussi cher qu'on le penserait. Pourtant, la pauvreté et la négativité vont de pair. Ils disent que les oiseaux d'un même groupe voltigent ensemble. Cela veut dire que l'environnement détermine tout. On est affecté par notre éducation familiale depuis notre enfance. Cela impacte notre vocabulaire à cause de l'association qu'on se forge. Si une jeune personne grandit dans un quartier où la réussite signifie vendre de la drogue, de la cocaïne, alors il sera très probable que le succès sera égal à cela pour lui. Si le succès veut dire aller dans l'espace ou bien devenir un neurochirurgien, alors il est très probable que cet enfant poursuivra ces choses. L'environnement détermine tout.

Pour M. Azim Rizvee, un entrepreneur dans le domaine du bâtiment, changer d'environnement pour sa fille, voulait dire l'envoyer dans l'espace. A juste douze ans, elle porte déjà le hijab. Elle assiste régulièrement à des séances de préparation de son voyage dans l'espace. Ce voyage est organisé par la compagnie Virgin Galaxy. Le père Azim voulait que sa fille voie la terre sous un autre angle, de sorte qu'elle puisse développer une manière de penser sans limites. Aussitôt après avoir rencontré Zeynab, je pouvais percevoir en elle quelqu'un qui rêve de manière grandiose, tout comme son père le fait.

Cela nous ramène à choisir la compagnie que nous tenons. Nous reviendrons sur ce point dans le chapitre sur le Pouvoir du Groupe. Pour développer une pensée positive, vous devez vous entourer de gens positifs.

Ce que j'ai vu chez les gens qui ont le mieux réussi c'est qu'ils font extrême ment attention aux personnes avec qui ils développent une camaraderie. Ils ont des amis qui sont vertueux et qui leur rappellent la vie prochaine. Ils ont aussi des amis qui les aident à atteindre leurs objectifs. Ils ont des amis qui les encouragent.

Ils ne sont pas tous nécessairement riches, mais ils doivent être encourag-eants et ne pas s'opposer à vos ambitions et à vos rêves. Ceci est fondamen-tal pour votre voyage vers la réussite.

3

CHANGEZ POUR LE MEILLEUR

LE CHANGEMENT EST NECESSAIRE

Maintenant que nous avons traité du caractère musulman et de ses traits, il serait inutile de continuer si nous ne pouvions pas changer. Pouvons-nous réellement changer ? Pouvons-nous changer nos personnalités ou sommes-nous nés exactement comme nous sommes aujourd'hui ?

Ceci est l'une de choses clés que j'ai apprises des entrepreneurs performants à succès. Ils évoluent toujours et apprennent constamment. On ne naît pas leader. Encore une fois, les entrepreneurs ne sont pas nés ainsi, ils se sont développés. Par quel autre moyen pouvez-vous passer de propriétaire d'une petite pizzeria comme les frères Mirza, à posséder un empire qui fait plus d'un demi-milliard de dollars avec des business qui sont représentés partout dans le globe et qui emploient des milliers de personnes et ont un impact sur beaucoup de vies ? Par quel autre moyen pouvez-vous être issu d'un milieu modeste pour devenir un multimillionnaire ?

Par quel autre moyen pouvez-vous passer de chauffeur de bus avec un accès minimal à la langue anglaise, comme Sir Anwar Pervez, au statut de milliardaire à la tête du Groupe Bestway UK ? Tout est question de changement. Le changement est bien.
Le changement est nécessaire. Le monde est en train de changer. Comment ces entrepreneurs musulmans ont-ils évolué ?

Alors, premièrement pour changer, vous devez être ouvert aux suggestions d'autres personnes. Vous devez être en capacité de voir l'opportunité et de faire quelque chose que vous n'avez pas l'habitude de faire. Vous devez aussi être enclin à faire ce que quelqu'un d'autre vous propose de faire.

Beaucoup de leaders de business avec qui je me suis entretenu avaient des mentors. Ceux qui sont issus de familles d'affaires avaient leurs parents ou bien leurs frères ou sœurs plus âgés qu'eux comme mentors. Ou alors, ils trouvaient quelqu'un d'autre qui avait les résultats qu'ils voulaient pour les guider. Que ce soit à partir de cours à distance qu'ils suivent ou de mentors distants, ils s'attelaient à l'apprentissage et étaient constamment en train de se développer.

Vous devez aussi développer l'attitude qui consiste à dire : « ceci est possible. Il est possible pour moi de changer ». Je suis allé récemment en Floride avec ma femme à Orlando, une ville de la Floride. Il y a dans la ville un zoo très connu à l'échelle internationale que nous avons visité. Dans ce zoo, il y avait un ours polaire qui jouait avec un ballon.

L'animal pouvait marcher avec les deux pattes de derrière et pouvait même jongler le ballon avec son museau. Pensez donc à ceci ; l'ours polaire pouvait jouer avec un ballon, juste avec son museau et de plus et était entraîné pour monter sur une petite bicyclette. Si un ours polaire peut changer autant pour pouvoir accomplir ces choses, qu'en est-il de vous, un être humain ? Sachez que c'est possible, c'est juste une question de volonté. Vous pouvez réellement changer énormément et avoir les résultats que vous désirez.

L'HOMME LE PLUS RICHE D'AFRIQUE

Parmi tous les traits de caractère que nous trouvons dans le Coran, la patience est réellement le trait de caractère le plus important. L'impatience a toujours été le portail qui mène au péché. La patience vous donne, en tant qu'entrepreneur le courage.
Il est le mur qui sépare ceux qui échouent de ceux qui réussissent. Si vous avez de la persistance, vous continuerez là où les autres ont baissé les bras. Etudiez toute personne qui a atteint un grand succès et vous verrez la patience en arrière-plan. Celle-ci mène à la persévérance et au succès.

Beaucoup d'entrepreneurs musulmans possèdent ce trait de caractère d'une façon profonde. Prenez quelqu'un comme Com Mirza qui a lancé presque 10 entreprises et qui a échoué dans chacune de ses sociétés. Il n'a pas baissé les bras. Il n'a pas abandonné son rêve. Il a continué son chemin pour devenir l'homme qui vaut 500 millions de dollars tout en gardant sa modestie et un esprit humble.

Prenez quelqu'un comme Yaqub Mirza qui a lancé son entreprise dans les années 1980, une entreprise qui fonctionne toujours. Vous ne pouvez pas être à la tête d'une entreprise aussi longtemps sans garder patience.
Ce n'est que durant cette dernière décennie qu'il a vu une croissance exponentielle de son entreprise.

Monsieur Aliko Dangote du Nigéria, le plus grand entrepreneur contemporain du continent africain a eu un parcours similaire. Il lui fallut plus de deux décennies pour accumuler son premier milliard de dollars, mais juste quelques années plus tard sa fortune a ballonné à plus de 20 milliards de dollars. Pourquoi vous dis-je ceci?
Parce que sans ces traits de caractère, vous ne verrez pas les résultats que vous désirez.

En tant qu'entrepreneur, vous n'avez qu'à semer et attendre la moisson qui pourrait venir au bout de six mois ou un an. Parfois, cela pourrait prendre cinq ans. Dans le Coran, le mot pour succès qu'Allah utilise est «Aflaha» qui veut dire succès après une période très longue. «Aflaha» veut dire littéralement une moisson qui a été récoltée par le cultivateur après une longue période d'attente.

Le cultivateur ne se dit pas «hey, je vais semer aujourd'hui» et dès le lendemain, se demande : «où est la récolte?» Le cultivateur prend soin de sa semence puis de la plante, il travaille la terre, met de l'eau, la protège des insectes ou des mauvaises herbes, prend soin des graines produites. Et des fois, le cultivateur ne la rentabilise qu'après plusieurs années. Dans le cas du café par exemple, il se rentabilise trois ans après avoir planté.

C'est la même chose pour ce qui est de votre entreprise. Vous devez avoir une vision à long terme. Dès fois, cela prend des années et des années pour que vous atteigniez un résultat significatif, mais cela en vaut le coup.

LE COURTIER NUMERO 1

Parmi les émotions positives, on pourrait classer l'humilité comme étant la première émotion positive à développer. L'humilité n'est pas un trait de personnalité qu'on acquiert à la naissance. C'est reconnaître qu'il vous manque quelque chose. C'est être ouvert à l'apprentissage. Soyez juste ouvert. Soyez ouvert à demander de l'aide des personnes qui pourraient avoir vos réponses. Quand il s'agit de vous et de votre entreprise, être humble, c'est demander de l'aide aux gens qui ont les résultats que vous désirez.

Les personnes qui ont été interviewées dans ce livre pourraient très bien détenir les réponses à vos questions. Prenez note de ce qui les motive. Quelles sont leurs manières de penser? Quels sont leurs raisonnements? Et demandez de l'aide. Ceci est l'une des choses que j'ai vues partout chez les gens qui ont réussi. Ils ont un esprit humble et sont toujours ouverts à l'apprentissage.

A travers mes discussions avec M. Azim Rizvee, j'ai appris qu'il voyage constamment et participe à des conférences sur le business et la technologie pour pouvoir élargir son entreprise au 21e siècle. C'est une manière de penser profonde et il est très intéressant de voir que peu importe son niveau de succès, il va constamment au bout de la limite et est toujours en train d'apprendre.

Un jour, il peut être en train de lire un ouvrage sur l'exploration spatiale, le lendemain, il peut apprendre à donner aux gens une expérience digne d'un service 7 étoiles. Et pour se faire, il a visité le seul hôtel 7 Etoiles du monde qui se trouve à Dubai.

A présent, il applique ces principes pour donner à ses clients une meilleure expérience pour son business dans le domaine de l'immobilier. Vous pouvez voir les effets que cela a dans les résultats qu'il obtient. Il est toujours ouvert à apprendre et à demander de l'aide. Quand il poursuivait son poste politique, il a demandé de l'aide à sa communauté. Il a demandé à la communauté musulmane en général, mais aussi à la ville où il réside.

Etre humble est un facteur clé pour votre succès dans le domaine du business, mais aussi dans la vie. Donc, commencez par demander de l'aide ; vous verrez que plus de choses seront accomplies de cette manière.

UN JEUNE HOMME DE 50 ANS

L'attitude du musulman est une attitude positive. L'une des composantes d'une attitude positive est l'optimisme. Si vous voulez réussir dans votre entreprise, il faut développer l'optimisme. Dans les mauvais moments, l'optimisme est primordial.

Quoi qu'il arrive, même en face de la mort, le musulman doit contrôler son discours et parler positivement. Que ce soit en temps de guerre, de famine ou de maladie, on pratique l'optimisme. Il est plus facile de le dire que de le faire. Mais une fois que vous maîtrisez cela, vous pourrez véritablement atteindre des niveaux de succès élevés à la fois spirituellement, mais aussi dans ce monde temporel.

Une des choses qui m'ont le plus frappée chez les entrepreneurs musulmans tels que M. Mujeeb Ur Rahman, c'est qu'il voit le meilleur chez les gens en toute situation. En temps de faillite, en prison, ou devant toutes les situations de détresse, il a développé cette attitude positive et optimiste. C'est une caractéristique qu'on ne trouve nulle part excepté chez les entrepreneurs musulmans qui ont véritablement réussi. Jusqu'à ce jour, alors qu'il a la cinquantaine, il ressemble toujours à un jeune homme. Après toutes les épreuves qu'il a subies, il demeure présentable et bien portant. Toujours bien vêtu, je peux vous dire que cet optimisme émotionnel est très important dans votre parcours vers le succès.

Il a été dit que dans votre voyage vers le succès, vous rencontrerez beaucoup de revers, beaucoup de difficultés, mais vous devez développer l'aptitude de faire disparaître ces difficultés avec votre sourire et continuer votre chemin. Faites de ces obstacles et ces difficultés vos armes spéciales pour l'avenir.

LE PROPULSEUR D'ASSURANCE

Ceci nous ramène véritablement à la notion de l'image propre. L'image propre, c'est votre perception de vous-même ; comment vous voyez-vous ? C'est comme si vous aviez un miroir devant vous et au lieu de voir votre visage, vous voyiez votre personnalité. Comment vous voyez-vous par rapport aux autres et par rapport à d'autres facteurs mesurables ? Combien êtes vous heureux, combien êtes vous confiant — tous ces éléments déterminent comment vous vous voyez. Si vous vous voyez comme quelqu'un de performant alors bientôt vous le serez même si vous ne l'êtes pas encore, donc tout re résume à votre auto-perception.

La raison pour laquelle j'ai trouvé que certaines populations réussissent moins que d'autres est qu'elles ont une mauvaise image d'elles-mêmes. Elles ont une image de soi pleine de doutes, d'inquiétudes et de blâmes.

Il est probablement vrai que d'autres personnes sont en partie responsables de la situation dans laquelle vous vous trouvez, mais cela vous est-il utile de vous accrocher à ces émotions et à ces faits ? Non ! Ne perdez surtout pas le moral. Tout ce que voulez, c'est retenir l'aspect positif qui va vous mener vers le succès. Vous pouvez régler les injustices après avoir réussi.

Encore une fois, en tant que quelqu'un qui cherche à réussir ne gaspillez pas votre temps dans des choses négatives. Ça détruira votre assurance. Les reportages négatifs, les choses négatives qui arrivent à vos êtres chers, être constamment inquiets de perdre sa fortune, sa santé, sa famille, cela ne vous aidera pas à avoir de l'assurance. Bien au contraire !

L'une des manières les plus rapides de réussir est de développer son assurance. Vraiment, croyez en vous-même. Croyez que vous pouvez réussir. Et ayez la certitude que vous pouvez le faire. Et que vous êtes en possession du nécessaire pour le faire.

Ceci vient de la compétence qui consiste à savoir comment faire ce que vous faites. Si vous montez une bicyclette pour la première fois, il est très difficile de se sentir assuré. Cependant si vous l'avez fait plusieurs fois et que vous avez circulé en ville avec votre bicyclette, votre assurance augmente. Votre business n'est pas différent en cela.

Maintenant, comment faire croître votre assurance ? En disant ce que j'appelle le manifeste de l'assurance.

C'est une formule, une clé, qui va vous ouvrir la porte d'une vie pleine d'assurance. Dites-vous ceci :

« Je suis content et reconnaissant du fait que je suis aujourd'hui un millionnaire. Je suis au service des gens. J'exécute tous mes plans. Je suis content et reconnaissant pour moi-même, pour la relation que j'entretiens avec ma famille et pour ma connexion avec le Créateur ».

ATTITUDE

PRINCIPE IV

_____

OBJECTIFS

1

FIXEZ-VOUS DES OBJECTIFS AMBITIEUX

QUAND UN MILLIONNAIRE SE SENT PAUVRE

Notre Créateur aime l'excellence. Nous devons donc exceller et atteindre le plus haut niveau, quel que soit notre domaine d'activité.

«Allah est Excellent et aime l'excellence» selon le Prophète SAW.

Vous devez aussi considérer la magnitude de celui avec qui vous avez affaire. Qu'est-ce l'or vraiment? C'est juste un métal pour celui qui l'a créé. Il peut en créer encore plus. Qu'est-ce que quelques briques pour faire une jolie demeure? Qu'est-ce qu'une carrière réussie? Ce n'est pas grand-chose dans l'ordre des choses. Donc, considérez ça de cette manière. Pensez à la magnitude du créateur et vous serez libres.

Mon bon ami M. Arif Mirza m'a dit que les gens lui demandent toujours : «Arif, pourquoi tu demandes autant?»
Il répond à chaque fois :

«Parce qu'Allah est tellement capable. Alors, pourquoi ne pas demander plus?»

- Arif Mirza, Entrepreneur en Série

Ceci est la mentalité de l'entrepreneur musulman : il voit plus grand. Il veut avoir plus et faire plus pour lui-même et pour les gens autour de lui. Vous devez étendre votre zone de confort pour être plus prospères. Vous êtes où vous êtes parce que c'est là où vous vous sentez confortables.

Des gens fortunés m'ont dit que votre zone de confort est votre zone de pauvreté. Nous sommes tous pauvres, mais à des niveaux de revenus différents. Qu'est-ce qu'être riche, vraiment? Tout est relatif. Vous êtes peut-être riche comparer à quelqu'un qui n'a pas d'eau potable à boire ou bien quelqu'un qui vit dans le désert. Un millionnaire pourrait paraître riche par rapport à vous, mais s'il est dans un cercle de milliardaires, il se sentira pauvre.

Donc si vous voulez aller au sommet, vous devez élargir votre zone de confort. Quotidiennement, il y a des choses que vous pouvez faire pour élargir votre zone de confort. La 1re chose à faire c'est de se fixer des objectifs ambitieux, des objectifs ridicules qui vont même vous mettre mal à l'aise et vous pousseront à aller de l'avant. J'élaborerai ce point de manière plus détaillée dans la section «En route vers le succès» de ce chapitre.

ELLE ETAIT RESOLUE

Si vous avez une Niyyah (intention) correcte, alors vous êtes prêt à recevoir de l'aide. Cela pourrait être une aide d'origine divine ou bien de l'aide qui vient de vos associés. Sachez pourquoi vous faites ce que vous êtes en train de faire et quelle est la contribution que vous pourriez apporter au marché. Vous devez connaître votre business, votre produit et/ou votre service. Est-ce le bon moment ? Une fois que vous serez prêt, allez-y avec la bonne intention. Vous pouvez changer de direction en cours de route, mais il est plus important que vous sachiez où vous allez dès le départ.

C'est ce que j'ai vu chez les entrepreneurs les plus prospères que j'ai interviewés. Par exemple, Mme Amina Sayyid, la Directrice d'Oxford Press au Pakistan, a vraiment réussi parce qu'elle savait dès le départ qu'elle voulait être éditrice en chef de sa maison de publication et publier les livres qu'elle aimait. Après avoir commencé sa propre entreprise de distribution de livres, elle finit par établir une branche pour une maison d'édition très importante au Pakistan.

Cela montre que la pomme ne tombe jamais loin du pommier. Avoir la bonne intention, c'est comme avoir un gyroscope entre les mains qui vous mène vers le succès. Cela va vous donner la concentration qu'il faut pour atteindre vos objectifs et réaliser vos rêves.

FAITES LE VIDE DANS VOTRE ESPRIT

Vous devez vous libérer l'esprit, vraiment. De nos jours, avec les médias sociaux, YouTube, les emails… il est très difficile de se vider l'esprit dans une telle jungle d'idées et dans un tel chaos. Toutes les personnes à succès que j'ai interviewées avaient une clarté d'esprit.

Comment pouvez-vous atteindre un succès, même moindre, si vos idées ne sont pas claires ? Vous avez besoin de vous vider l'esprit et de vous libérer l'esprit pour planifier vos affaires ou bien travailler sur un problème difficile et si vous avez besoin de nouvelles idées pour votre business. La même chose s'applique si vous essayez d'apprendre des nouvelles compétences ou de résoudre des défis. Même pour écrire ce livre, j'ai eu à me vider l'esprit. On ne peut rien accomplir sans concentration.

Je discutais avec un savant islamique l'autre jour et il m'a dit que dans les temps anciens, le signe d'immaturité était de rêvasser à longueur de journée et d'avoir des idées de manière chaotique. C'est un signe d'immaturité. La maturité est la capacité de véritablement tenir les rênes de sa propre pensée et de se concentrer sur la tâche qu'on fait.

Vous pouvez utiliser ce pouvoir de concentration dans votre propre entreprise.

Vous devez d'abord former une image de votre vision du futur dans votre esprit. Voudriez-vous gagner une certaine somme d'argent? Voudriez-vous que votre business génère un certain revenu? Voudriez-vous que votre boutique soit d'un type spécifique? Voudriez-vous avoir un type particulier de maison?

Il vous faut visualiser tout cela dans votre esprit et garder la certitude que vous êtes en train de gagner. Ceci est primordial — c'est l'un des ingrédients du succès.

La seconde étape c'est de vous imaginer avec la chose que vous désirez. Est-ce une belle maison? Est-ce un voyage en un lieu particulier? Est-ce un voyage vers une certaine destination? Est-ce un certain métier? Est-ce devenir le meilleur savant dans votre domaine? Est-ce rencontrer des gens qui peuvent booster votre business. Vous devez vous imaginer en train de faire ces choses-là.

Regardez les enfants. Ils sont toujours en train d'imiter les adultes. Et c'est comme ça qu'ils maîtrisent des nouvelles choses tous les jours. Je suis toujours surpris de voir mes neveux de 2 ans qui parlent couramment déjà 3 langues. Ils se disent probablement : «si tout le monde parle, évidemment, je peux moi aussi parler !» Et ils le font.

Espérons qu'après avoir rencontré tous ces entrepreneurs musulmans vous allez vous dire : «Je peux le faire moi aussi.»

Le musulman a tout de même un avantage sur ce point; il prie 5 fois par jour; c'est sa routine. Ceci nous aide vraiment à visionner notre prochaine vie et nos objectifs de manière répétée. Encore et encore. Cette pratique régulière nous prépare pour les tâches liées au travail. Donc, si vous avez déjà acquis l'habitude d'offrir la Salat (prière), se concentrer au travail ne sera pas un grand problème.

LE CHEMIN DROIT QUI MENE AU SUCCES

Aujourd'hui, vous pouvez tout simplement vous aventurer dehors et voir que la plupart des gens n'ont aucune idée du pourquoi ils font leurs actions. Ils deviennent dès lors monsieur Tout-le-Monde.

J'ai récemment rencontré un vieil ami, que j'appellerai Ibrahim, qui a décroché un diplôme d'ingénieur de niveau master. Je lui ai demandé ce qu'il voulait faire plus tard dans la vie. Son plan consistait à travailler pour une firme et de commencer à gagner sa vie. C'est un objectif très noble, mais j'ai réalisé qu'il lui manquait quelque chose. Il n'y avait aucune cible. Il ne savait pas combien de temps il allait y travailler et dans quelle capacité. Beaucoup de jeunes hommes et de jeunes femmes ont le même problème. Ils n'ont aucune idée de ce qu'ils veulent.

Bien entendu, l'objectif dans la vie future est d'adorer votre Créateur, mais dans cette vie, qu'êtes-vous destinés à faire? Quel genre d'héritage voulez-vous laisser aux générations futures? Quels travail ou contribution laisserez-vous derrière vous?

Ce sont là des questions sérieuses ! Si vous n'y répondez pas, l'échec s'infiltre, que vous soyez entrepreneur ou employé. Aujourd'hui, deux ans après notre rencontre, Ibrahim travaille toujours comme agent de sécurité et attend toujours son boulot de rêve. Il voulait juste avoir le minimum, il voulait juste assez pour payer les factures. Et il a eu le boulot. Soyez prudents. Faites attention à ce que vous désirez. Vous pourriez finir par recevoir exactement cela...

Votre aspiration claire pourrait être de devenir un enseignant si c'est ce qui vous donne de la satisfaction dans cette vie. Cela pourrait être aussi une mère exemplaire qui inculque à ses enfants la piété islamique. Cela pourrait être de devenir millionnaire. Cela pourrait être un peu de tout. Il y a des milliers et des milliers de choses à viser. Ce n'est pas le principal problème. Beaucoup de gens errent tout simplement pendant toute leur vie. Et à la fin, ils finissent pauvres.

Vous ne voulez pas que cela vous arrive, donc optez pour une aspiration claire. Certains auteurs l'ont appelé objectif principal défini ou objet défini. Choisissez quelque chose que vous désirez ardemment au plus profond de votre cœur et poursuivez-le. C'est une des choses des plus importantes que vous pouvez faire pour votre succès.

Dans un des chapitres précédents sur la définition de votre objectif, on a discuté de l'importance de visualiser votre but tous les jours et même toutes les heures. Il faut le voir au moins une fois par jour ; mettez-le sur papier sous forme d'écrit et gardez certaines images qui vont vous rappeler vos objectif et but bien définis.

Quand vous développez un désir ardent pour la fortune, le ciel est votre limite. Votre esprit est comme un aimant. Si vous gardez une pensée dans votre esprit sur une période suffisamment longue, vous allez éventuellement voir des résultats sous forme d'opportunités tout autour de vous.

Un exemple récent est quand j'ai passé un après-midi avec l'un des entrepreneurs musulmans. Il me fit remarquer que parce que je conduisais une certaine marque de voiture, je voyais toujours ce même type de voiture partout où j'allais, même derrière mon dos. Votre objectif agit de la même manière. Si vous voyez votre objectif tout le temps, vous verrez des opportunités qui vont vous permettre d'accomplir cet objectif.

Votre esprit agit comme un gyroscope ni plus ni moins. Il vous orientera vers la bonne direction. Votre esprit est un outil très puissant, certes, mais c'est le seul outil sur lequel vous avez un contrôle total.

Même dans les situations les plus difficiles, si vous gardez votre esprit libre vous gardez le contrôle. Vous pouvez toujours penser ce que vous voulez et avoir l'intention que vous voulez. C'est là, la véritable liberté. C'est la seule forme de liberté que notre Créateur a donnée à tout un chacun de nous.

1% D'UN MILLIARD

Votre manière de penser vous a mis dans la situation exacte dans laquelle vous vous trouvez en ce moment. Si votre meilleure pensée vous a donné un résultat que vous n'aimez pas alors tout ce que vous avez à faire, c'est de changer votre philosophie pour avoir un différent résultat. Optez pour une nouvelle façon de penser.

Il se pourrait juste que vous ne sachiez pas ce que vous ne savez pas. J'ai échoué dans plusieurs de mes entreprises dans le passé et je peux vous dire qu'avant de lancer toutes ces entreprises, j'étais assuré que tout allait bien marcher. Mais en cours de chemin, je me disais toujours que j'aurais dû écouter celui-ci ou celui-là qui ont eu plus d'expérience que moi. Ceci est vrai dans toutes les tentatives d'entreprises : si vous ne réussissez pas à atteindre vos objectifs du moment. Il y a des choses que vous ne savez pas et si vous les saviez, le succès serait bien plus facile. En d'autres termes, si vous pensez de la même manière que les riches, il y a une grande chance que vous réussissiez.

Lors d'une discussion que j'ai eue avec Imam Ashraf Zaghloul, PDG du groupe NTG Clarity Inc, j'ai conclu que beaucoup d'entrepreneurs sont des gens avec beaucoup d'idées et qui aiment rêver. Lorsque vous commencez une nouvelle entreprise, vous pouvez penser que votre idée est tellement originale que vous devriez la tenir secrète et la protéger à tout prix. Cependant, ce n'est pas de cette façon que les entrepreneurs riches pensent.

Quand Imam Ashraf se lance dans une nouvelle aventure entrepreneuriale, il trouve des gens plus compétents pour travailler sur le business et le mettre sur le marché avec succès. Il trouve le chemin le plus court et le plus efficient. L'entrepreneur qui a échoué pense toujours à protéger son idée et c'est la raison pour laquelle leur business ne grossit pas.

Une fois, un entrepreneur amateur l'approcha pour une proposition d'affaires. Il voulait qu'Imam Ashraf soit son partenaire. Ils étaient supposés former un partenariat. Cependant il y eut un problème.

Il souhaitait qu'Imam Ashraf investisse non seulement son temps, son expérience du monde des affaires, mais aussi son argent. Qu'est-ce qu'il lui proposa en contrepartie? Un maigre 5 % ! Il est inutile de dire qu'il ne fut pas intéressé.

La personne ne réfléchissait pas de la meilleure façon.

C'est comme si vous possédiez 1 % d'une entreprise qui fait 1 milliard de dollars, qui va vous propulser au rang des millionnaires, ou alors posséder 100 % d'une entreprise en dette. L'Imam me dit : «Oumar, tu prends l'option que tu veux.» Mon choix à moi est clair. Ceci est une nouvelle manière de penser et une manière de penser de haut niveau. Ce sont des choses dont vous n'avez probablement pas entendu parler, surtout quand il s'agit de former des partenariats. Suivez donc ces conseils pour pouvoir agrandir votre entreprise et réaliser vos rêves.

2

LE POUVOIR DU DOU'A

FAITES ATTENTION A CE QUE VOUS DITES

Le verbe a été donné exclusivement à l'être humain. Il a la faculté de parler. Allah dit :

« Il a créé l'homme. Il lui a appris à s'exprimer clairement. »

- Al-Qour'an, Sourah Ar-Rahman, Ayah 3-4

De même que la révélation a été enseignée à l'homme, le langage a aussi été enseigné.

Lorsque vous utilisez votre langue pour demander quelque chose à votre Créateur, il se passe quelque chose de très intense. Les mots que nous disons ont un effet sur nos vies et sur notre environnement.

Dans l'échelle divine, Allah SWT dit :

« Sois, et c'est ! »

De la même manière avec la permission d'Allah SWT votre langue peut réellement attirer ce que vous vous dites. Donc si quelqu'un dit : « Je suis triste ! Je suis triste ! Je suis triste ! » Cette personne devient triste. Si quelqu'un parle de sa peur d'une certaine maladie, il devient malade.

Vous serez étonnés d'apprendre que nombre de maladies ne sont pas causées par des germes, mais par les esprits et langues des gens. La même chose arrive quand une personne parle de la crainte d'être pauvre ou de perdre son emploi. Quand la langue n'est pas contrôlée, elle apporte toutes ces choses négatives à la personne. Des fois, nous le faisons inconsciemment.

Maintenant, un mot pour avertir celui qui s'engage à l'étude de la richesse : si vous voyez vos frères ou sœurs être bénis avec la richesse et le succès, dites « MachaAllah » (Allah l'a voulu). Quelqu'un a des enfants mignons et vous aimeriez les complimenter, dites « MachaAllah ». Ceci élimine instantanément le mal qu'il peut y avoir entre deux personnes telles l'envie, la jalousie, etc.

LE MILLIONAIRE QUI PRIE LA NUIT

Nous avons tous entendu parler de la place et de la force de l'invocation dans la religion islamique. Votre Dou'a n'est pas seulement dans votre esprit, mais c'est quelque chose que vous dites avec votre langue.

C'est similaire à la création ; c'est comme si vous utilisez votre langue pour créer. Cependant, cela se passe uniquement avec la permission d'Allah. Quand quelqu'un médit, on sait tous que c'est comme si la personne était en train de manger la chair de la victime. C'est un acte physique, même si l'on ne le voit pas. De la même manière, dans le royaume du positif, quand nous disons : «Je suis reconnaissant, je remercie Allah, je suis reconnaissant envers mes parents, je vais réussir, je suis un gagnant. »

Croyez-le ou pas, lorsque vous dites ces choses, quand vous les répétez encore et encore, les bonnes choses viendront d'elles-mêmes. En réalité, la Dou'a est en partie la répétition de ces choses positives et une forme de remerciement de Dieu, une façon d'être reconnaissant. Le Dhikr a aussi le même statut. Quand vous dites Soubhanallah et Alhamdoulillah, vous remerciez Allah constamment. Vous êtes alors dans un état de gratitude, ce qui va vous permettre de recevoir encore plus. Dites-vous souvent que vous êtes millionnaire si cela est votre but. Dites : «Je suis tellement content et reconnaissant à Allah d'être un millionnaire. » Ceci va vous mettre dans un état positif qui vous permettra de travailler et de gagner encore plus.

Arif Mirza, un entrepreneur sur internet et investisseur basé à Dubai, le dit de cette façon : «Je me réveille pour prier toutes les nuits (Tahadjoud). Je ne demande à aucun homme, femme ou roi de m'aider, je demande à Allah, qui me donne tout ce dont j'ai besoin. La raison pour laquelle je me réveille pour le tahadjoud est qu'Allah descend, chaque nuit, vers le ciel le plus proche. Et Il regarde les gens — et je voudrais être parmi ces gens qu'Allah regarde. Je voudrais dire: «Allah, mon Seigneur, je suis là — donnez-moi ! »

Demandez et vous recevrez !

LA CONDITION EXTRAORDINAIRE

La Loi de l'Attraction est un terme utilisé par beaucoup de philosophes et penseurs contemporains. Elle dit que nous attirons ce que nous sommes. Si vous avez une personnalité attractive et cultivez de bonnes pensées, vous attirerez le bien. Et si vous pensez des choses négatives, vous allez attirer le mal. Les pensées attractives attirent des choses, des personnes et des opportunités alléchantes.

Certains vont même plus loin en disant que nous créons notre futur par notre langue. Cependant, pouvons-nous trouver une quelconque évidence de cette loi dans la tradition islamique et est-ce qu'elle utilisée par les entrepreneurs musulmans ?

Le premier point, c'est que si nous nous attendons à du bien de la part d'Allah, alors nous le recevrons. Allah vous donnera du bien. Si vous vous attendez à un mal, Allah vous le donnera. Ceci est dans notre tradition même si on ne lui donne pas le nom de Loi de l'Attraction. On croit que tout vient d'Allah et à Lui nous retournerons.

Le second point est un mot d'avertissement contre la plupart des utilisateurs de la Loi de l'Attraction. Certains philosophes occidentaux ont suggéré que nous créons littéralement notre destinée avec notre puissante volonté. Nous devenons dès lors des co-créateurs avec Allah. Ils ont pu démontrer des résultats énormes avec cette approche. Ceci est l'essence même de la magie et est interdit sous la perspective islamique.

Seul Allah peut créer le futur. Ce livre n'est pas un manuel théologique donc je n'irai pas plus loin avec cette analyse.

Focalisons-nous plutôt sur comment vous pouvez utiliser cette Loi de l'Attraction ? Comme nous l'avons mentionné avant, c'est en développant une attitude positive. Vous devez contrôler vos pensées et vous orienter uniquement vers le résultat que vous voudriez avoir. Ceci est l'aspect positif qui va attirer vers vous des choses positives. Donc demandez-vous : « suis-je ouvert à dévoiler ma pensée, suis-je disposé à révéler mes pensées au public parce qu'elles sont tellement encourageantes ? Ou font-elles plaisir à entendre ? » Si la réponse est non, alors vous devez immédiatement cesser et les remplacer par des pensées positives et encourageantes.

Vous pouvez accélérer ce processus en demandant : « que puis-je faire contre les soufflements de Chaitan (Satan) ? »

Pour la plupart d'entre nous, lorsque nous commettons des erreurs ou que nous sommes rejetés, on s'autocritique et on se dit qu'on est un vaurien ou quelque chose de la sorte. Nous n'aurions plus d'amis si on disait ces mêmes choses aux autres personnes. Alors pourquoi sommes-nous si durs envers nous-mêmes ? Ce que je vous demande, c'est d'être tolérant envers vous-même.

Certains d'entre vous ont des entreprises et si vous ne réussissez pas en ce moment, ça ne fait rien. Tout va bien et tout ira bien. Je sais que vous allez gagner. Vous êtes un gagnant. Vous avez déjà gagné. Ceci est l'esprit du musulman.

Cheikh Hamza Yusuf m'a rappelé un Ayah du Coran :

«Les croyants ont déjà réussi.»

- Al-Qour'an, Sourah Al-Mouminoun, Ayah 1

Si vous pensez de la bonne manière, alors à coup sûr vous rencontrerez les bonnes personnes, vous saisirez les opportunités, et tout cela vient d'Allah. Cependant, je ne dis pas que de mauvaises choses ne vous arriveront pas. Evidemment, il y'en aura et en masse. Celles-ci pourraient être comme un bien « déguisé ». Comme le Prophète SAW l'a dit :

«Incroyable est la condition du croyant. Quand le bien lui arrive, il le célèbre et quand le malheur lui arrive il remercie Allah et demeure patient. Dans les deux cas, il est récompensé. »

«Incroyable est la condition du croyant. Quand le bien lui arrive, il le célèbre et quand le malheur lui arrive il remercie Allah et demeure patient. Dans les deux cas, il est récompensé.»

On ne crée pas les résultats nous-mêmes : tout nous vient d'Allah.
Tout ce qu'on peut faire c'est avoir une attitude positive de sorte que nous sommes ouverts à recevoir des choses positives.

3

CONCEVEZ PUIS REALISEZ

SOULEVEZ CETTE VOITURE !

Sans un «pourquoi», vous n'accomplirez rien. Votre «pourquoi» est très important pour vous en tant qu'entrepreneur. Si vous êtes quelqu'un de déterminé à remporter la victoire, vous devez posséder l'état d'esprit qu'il faut. Si vous ne savez pas pourquoi vous faites ce que vous faites, alors votre idée ou votre business ne sera pas suffisamment attractif pour que vous puissiez continuer à vous battre et éventuellement remporter la victoire. Un entrepreneur sans un «pourquoi» fort, va éventuellement baisser les bras et chercher un boulot.

On a parlé de se fixer des objectifs et espérons que vous l'avez déjà fait. Maintenant, ce que vous devez ajouter à votre but c'est de l'émotion. Vous devez avoir une certaine quantité d'émotion attachée à votre but pour pouvoir le poursuivre. Sinon, cela demeurera juste de l'information, du savoir théorique. Le savoir, c'est juste de l'information ; cela ne fait bouger personne.

Ce dont vous avez besoin c'est le savoir appliqué. Ce qui va vous mettre en mouvement c'est cette émotion, ce fort « pourquoi ».

Une fois que vous avez un pourquoi, le comment va aller de lui-même. Disons que vous voudriez commencer un business sur l'internet et que vous sachiez pourquoi vous voulez le faire. Si en plus, vous êtes émotionnels par rapport à cela, vous trouverez les moyens d'accomplir la tâche.

Vous passerez des jours et des nuits pour trouver toutes les techniques dont vous avez besoin pour pouvoir gagner.

Il y avait une femme dont le fils était piégé sous une petite voiture. Elle était tellement émue par la situation qu'elle souleva la voiture elle-même juste avec ses propres mains. L'enfant fut sauvé de cette manière. Elle n'a pas eu besoin de lire un manuel d'utilisation pour apprendre comment faire pour avoir des muscles pour pouvoir soulever la voiture. Elle l'a juste fait dans la chaleur du moment parce qu'elle avait un fort pourquoi. Sa fierté et sa joie, ce garçon était coincé par la voiture. Un jour après l'incident, il n'y a aucun moyen qu'elle puisse soulever cette voiture parce que le pourquoi n'est plus là. Cet exemple montre pourquoi vous avez besoin de quelque chose pour vous pousser à l'action.

Trouvez votre pourquoi. Est-ce votre famille ? Est-ce parce que vous voulez devenir libre ? J'ai eu une conversation à ce sujet avec Dr Faruk El Baz, un célèbre scientifique égyptien qui a travaillé sur le programme Apollo. Son pourquoi était ses deux filles. Il devait mettre du pain sur la table. Cela lui permit de travailler de longues heures supplémentaires pour sécuriser sa position dans le programme Apollo 16, la première mission vers la lune. Qu'en est-il pour vous ?

D'UN APPARTEMENT
AU SOUS-SOL AU MANOIR

Le mot désir a, des fois, des connotations négatives. C'est vrai qu'Allah compare celui qui a un désir pour la vie d'ici-bas comme un esclave ou aussi comme un chien qui a sa langue dehors : une image pas vraiment attractive. Je vais vous montrer à quel point il est important pour l'entrepreneur d'avoir le désir qu'il faut. Cela va vous libérer des désirs négatifs qui nous lient à cette vie.

Sans cette faim, vous ne posséderez pas l'émotion nécessaire pour persévérer. Personne n'a dit que ce voyage serait facile, mais ce désir va vous permettre d'atteindre votre but. Le désir vous poussera au travail.
Ce désir vous poussera à passer des nuits blanches au travail pour pouvoir réaliser vos rêves et atteindre vos objectifs et acquérir des nouvelles compétences pour affiner votre talent. Tout vous viendra alors sans effort après un bon moment.

M. Muhammad Salim Siddiqi, un comptable de grande renommée et qui dirige sa propre entreprise possédait un grand désir de réussir après avoir perdu son emploi dans l'entreprise qu'il servait loyalement pendant 18 ans. Ceci arrive à beaucoup de gens après que les entreprises décident de licencier du personnel. Ceci est l'état d'instabilité qui existe dans le monde de l'emploi. Cependant, M. Salim possédait un désir de prendre soin de sa famille même s'il n'avait pas d'argent et était fauché.

Il décida avec sa femme de monter son business à partir de son sous-sol, un business dans le domaine de la comptabilité. Ils attendirent patiemment leur premier client. Quand ils l'obtinrent, ils étaient tellement contents de recevoir ce premier appel et c'est ainsi que leur business commença à prendre de l'élan. Il vit aujourd'hui dans un manoir luxueux. Il a maintenant l'opportunité d'inspirer d'autres entrepreneurs en phase de commencement pour qu'ils persévèrent.

Donc, dotez-vous d'un désir ardent de gagner. Quand vous avez ce désir vous n'aurez aucun problème à former l'idée dans votre tête et de la maintenir suffisamment longtemps pour l'accomplir. Vous voulez garder ce désir pour l'accomplissement de votre objectif.

La plupart des gens qui réussissent et que j'ai eu à rencontrer ont été dans leur domaine d'activité pendant 10, 15 voire 20 ans. Sans changer. Ils aiment ce qu'ils font et le font avec passion. Ils savent presque tout ce qu'il y a à savoir sur le sujet et sont des experts.

Si vous aimez à peine ce que vous faites, vous aurez tendance à changer souvent de domaine d'activité. Ce n'est pas la meilleure manière d'avoir du succès. Choisissez un domaine d'activité et trouvez les personnes qui ont réussi dans ce domaine. Cela constitue la meilleure manière d'atteindre le sommet.

COMMENT UN CHEVAL M'Y PORTA-T-IL ?

Tous les gens prospères que j'ai vus ont un but en tête. Cela vous permettra d'arriver à votre destination. Vous commencez d'un point A pour aller vers un point B et cet objectif vous permet de faire cela. Ensuite, vous devez l'écrire. Cela vous permet de mémoriser votre but et de l'avoir de manière intuitive dans votre esprit. Quand vous l'écrivez, cela vous force à vous engager. Mémorisez-le. Ensuite, mettez-le à un endroit que vous pouvez voir tous les jours.

Cela me rappelle la fois où j'étais assis dans un centre d'examen en France, pour l'une des écoles les plus prestigieuses du pays. J'avais un objectif que je voulais tellement atteindre que j'ai dessiné une image de moi-même en train de monter sur un cheval. Sur ce dessin étaient inscrits les mots : Vas-y ! Je l'avais sur mon bureau et je pouvais le voir tous les jours, dès que je m'asseyais pour faire des mathématiques. La même chose est valable pour vous.

Si vous voulez vraiment ce que vous dites, alors votre intuition vous permettra de le poursuivre. Je l'ai fait sans avoir à lire un seul livre sur comment se fixer des objectifs. Cela était tout naturel. C'est ce que font tous les gens qui réussissent. Il est important que vous soyez précis. Ne dites pas «Je veux beaucoup d'argent.»
Dites exactement combien ! Dites 100 000 $, ou 500 000 $ ou 1 million $ ou même 10 millions $. Ensuite, mettez une échéance sur ce but, que ce soit 1 an, 5 ans… Ça peut être une courte échéance ou une plus longue.

Fixez-vous un objectif ambitieux et que vous croyez raisonnable, sinon vous n'allez pas croire à votre but et tout cela sera inutile.

La dernière étape est un peu moins intuitive : c'est d'avoir quelque chose à gagner. Qu'est-ce que vous allez vous donner une fois que vous aurez accompli votre but ? Cela va vous permettre d'être motivé pour l'accomplir. Quelqu'un qui travaille dans les causes humanitaires pourrait se dire : « je voudrais collecter la somme de 10 millions de dollars pour un certain pays ou une certaine zone. » Supposons que la personne dise si j'obtiens 10 millions de dollars, je vais tout donner en charité et aider les orphelins, etc. Croyez-vous vraiment que cette personne va accomplir son objectif ? C'est très incertain. Il se dira simplement : « Bien ! Au moins, j'ai essayé. » Il n'y a aucune émotion derrière cela et rien à gagner. Souvenez-vous de ceci :

« Il y a une réelle différence entre un but et un souhait. »

Ayez quelque chose à perdre si vous n'atteignez pas votre but. Et donnez-vous un cadeau pour l'avoir atteint ; sinon il sera très difficile pour vous de l'accomplir parce que vous n'anticiperez pas avec impatience l'arrivée de cet objectif.

Donnez-vous quelque chose. Peut-être un gâteau, un voyage, un week-end exclusif avec votre épouse, ou une meilleure voiture ou quelque chose pour vous. Ensuite, regardez ce qui va se passer. Quand j'étais jeune, mon objectif était d'avoir la meilleure note en classe, notamment en Mathématiques et en Physique. Toutes les fois que j'avais 17 sur 20 ou plus, mon père me donnait de l'argent. Cela me motiva souvent et ma performance connut un progrès phénoménal.

Le même principe s'applique à vous en tant qu'entrepreneur musulman. Donnez-vous une récompense pour avoir atteint un objectif important.

ET MAINTENANT, QUEL EST LE PLAN ?

Maintenant, dans votre parcours vers le succès, que vous avez un rêve, un but et un désir, vous aurez besoin d'un plan pour pouvoir le réaliser. Maintenant, vous êtes engagé ; vous y êtes presque. Tout ce qui reste c'est d'avoir un plan qui va vous permettre de partir de là ou vous êtes vers l'endroit où vous voulez être.

Dans mes interviews, j'ai vu que les entrepreneurs qui ont le plus de succès veulent s'engager sur le chemin le plus court. Parfois, ce chemin peut être emprunté en posant la bonne question aux bonnes personnes. Ensuite, il faudra élaborer un bon plan d'action. Parce que vous ne voulez pas que quelqu'un d'autre décide du plan qu'il vous faut suivre.
Vous vous connaissez vous même, vous connaissez vos capacités, vous savez ce dont vous êtes capable. Et comme un penseur l'a dit : « tout ce que vous pouvez faire est tout ce que vous pouvez faire et tout ce que vous pouvez faire est suffisant. »

Ensuite, comme nous l'avons souligné, rendez ce plan raisonnable. Notez ce que vous allez faire tous les jours, mais ne vous fatiguez pas trop dessus. Votre plan pourrait être de travailler 8 heures par jour. Il pourrait être d'appeler deux personnes par jour, il pourrait consister à collecter une petite somme d'argent, à l'épargner pour l'investir et à commencer votre propre entreprise.

Quoi qu'il en soit, faites en sorte que ce soit raisonnable pour que vous puissiez croire que vous pouvez l'atteindre. Ensuite, travaillez le plan. Oui, le travail en fait partie. La quantité de travail requise et le prix à payer pour le succès vont être examinés dans le chapitre sur l'éthique du travail.

La dernière étape pour votre plan d'action est de le rendre progressif. Disons que vous voulez avoir une telle somme le mois prochain. Il y a un mythe qui circule de nos jours qui dit que le succès peut être instantané. C'est pour cela que la loterie est tellement populaire de nos jours. La bonne nouvelle est que vous pouvez construire votre propre loterie en faisant que vos revenus soient progressifs. Disons que je veuille gagner un million de dollars en 3 ans. Je pourrais dire que dans 6 mois j'ai pour objectif de gagner 5 000 dollars ou 10 000 dollars par mois. Faites en sorte que votre plan soit incrémental. Rendez-le crédible. Une fois que vous l'aurez atteint, continuez avec votre plan d'action.

LE CHEMIN LE PLUS COURT

La motivation, c'est comme prendre une douche. Elle ne dure pas suffisamment longtemps et vous en aurez besoin de nouveau. L'engagement est ce qui transforme les rêves et les objectifs en réalité.
Si vous êtes engagés, alors vous savez que vous n'allez pas baisser les bras quand les temps seront durs ; et les temps deviendront durs !

Imam Ashraf Zaghloul, le Fondateur de la compagnie NTG Clarity Inc., m'a dit que dans son business, à un certain point, il n'était même pas capable de payer son personnel. Mais il nourrissait son rêve. Il y crut. Il fit des Dou'a et il fit beaucoup de Istighfar (demander l'absolution de ses péchés) parce que cela augmente votre fortune et l'argent apparut comme par 'magie'. Il était engagé à le faire marcher. Il ne s'est pas dit « laissez-moi aller trouver un boulot ou laissez-moi changer de projet et commencer une nouvelle entreprise. » Il jeta l'ancre et trouva la solution. Le succès obéit à certains principes. Ce n'est pas de la magie ou de la chance. Comme Holton Buggs le disait :

« L'engagement à la continuité apporte la stabilité émotionnelle . »

Vous devez vous engager à continuer. Vous devez vous engager aux actions et disciplines quotidiennes qui vont vous mener au succès. Si vous le faites, vous serez très stable émotionnellement parce que le résultat ne va pas beaucoup importer. Tout ce qui importe c'est le processus. Vous êtes heureux parce que vous êtes en train de faire ce que vous êtes supposés faire. Si vous ne le faites pas, vous allez être très instable émotionnellement et cela entraînera de la tristesse, du regret en vous.

Comme le poème l'a dit : « Si vous êtes engagés à continuer et que vous ne pouvez pas tourner le dos, alors vous devez avancer. Et si vous devez avancer alors perdre n'est pas une option. Et si perdre n'est pas une option, le succès devient inévitable. »
Alors, continuez ! Le succès est inévitable.

DEMANDEZ A CEUX QUI SAVENT

Il vous faut identifier les bonnes personnes avec qui collaborer. Ces mêmes personnes vont vous aider à l'accomplissement de votre but et de votre désir. Tout ce que vous voulez dans cette vie a été placé entre les mains de quelqu'un d'autre sur votre chemin.

Vous aviez besoin de vos parents dans votre enfance ; étant élève, vous aviez besoin de vos professeurs, donc il est étonnant pour moi que dans le monde du business, il y ait autant de gens qui ne soient pas ouverts à demander de l'aide. Il n'y a aucun mal en cela. Vous en aurez toujours besoin. Et en retour, vous aiderez les autres en apportant votre expertise sur le marché.

Donc, allez-y et cherchez les gens qui vont vous permettre d'accomplir votre but et votre rêve. Une chose que j'ai apprise des entrepreneurs musulmans est qu'ils font une Dou'a pour qu'Allah place les bonnes personnes sur leur chemin. Ceci est une affirmation pour vous. Demandez à ce que les bonnes personnes apparaissent. Demandez, suppliez Allah pour la meilleure opportunité, le bon timing et observez ce qui en résulte.

4 × VOTRE TAUX D'ECHEC

Pour que vous puissiez atteindre vos objectifs, commencez toujours par entrevoir la fin. Pensez à cette image de votre objectif et sachez où vous allez.

Une fois que vous aurez ce but et cette finalité en tête, travaillez votre plan tout en gardant cette fin dans votre esprit. Tôt ou tard, vous allez l'atteindre. Si vous échouez, l'échec n'est que temporaire. Disons que votre objectif est de gagner un montant X en une année. Une année passe et vous ne l'avez toujours pas atteint. Ce n'est pas grave. Tout ce que vous avez à faire, c'est recommencer. Tout ce que vous avez à faire c'est de vous fixer à nouveau cet objectif. Fixez une nouvelle date. Si le délai d'accomplissement est passé et que vous n'avez pas réussi à atteindre votre objectif, mettez une date postérieure et recommencez à zéro. Vous êtes votre propre patron. Vous n'avez pas à vous licencier vous-même. Faites des ajustements. La victoire vient souvent un pas plus loin que l'endroit où vous avez abandonné.

La manière alternative d'atteindre votre objectif plus rapidement est d'éviter de faire le minimum. Evitez d'être un minimaliste. Si vous avez à appeler 5 personnes pour sécuriser une vente, appelez en 10, appelez en 20 ! Ne visez pas le minimum. Vous n'avez pas à faire de votre minimum votre maximum.

SUIS-JE ARRIVÉ ?

Ceci est une grande question. Maintenant que vous avez atteint ce premier million proverbial, que faire ensuite ? Allez-vous juste vous abandonner et rester peinard ? Je peux vous dire que cela arrive à beaucoup d'athlètes olympiques une fois qu'ils ont atteint leur objectif qui était la médaille d'or. Vous avez reçu la médaille d'or ! Et alors, quoi d'autre ?

Pour demeurer performant, vous devez avoir l'habitude de vous fixer à nouveau des objectifs. Vous l'avez atteint ? Très bien — il faut célébrer ça. Ensuite une fois, fixez-vous un autre objectif. Etait-ce un million ? Maintenant, mettez-le à 10, fixez-le à 20... Vous avez aidé 5 000 personnes à devenir libres financièrement ? Cependant est-ce que vous employez 10 000 personnes comme M. Shahzad Asghar qui est à la tête de sa propre usine de textile au Pakistan ? Il est personnellement responsable de 10 000 salaires. Ceci est une réalisation fantastique !

Est-ce que vous aidez 100 personnes en ce moment ? Fixez-vous un objectif plus grand. Faites-en 1 000. Est-ce que vous gagnez 10 millions ? Cherchez à avoir 1 milliard. Pourquoi pas ? Les bienfaits d'Allah sont infinis.

La NASA a trouvé que beaucoup d'astronautes en retraite devenaient peinards. Il n'y a plus de vie en eux une fois qu'ils sont allés dans l'espace et ont vécu leur rêve. Certains d'eux devenaient dépressifs, certains commettaient des crimes parce qu'ils n'avaient pas d'autre objectif.

Ils ont donc commencé à apprendre à leurs astronautes comment se fixer à nouveau des objectifs et viser plus haut. Le problème fut résolu. Améliorez-vous tout le temps.

Avez-vous déjà rencontré ces génies du lycée qui avaient toujours les meilleures notes ? Beaucoup d'entre eux ne réussissent pas dans le monde réel du business s'ils n'ont pas d'autres objectifs. Le succès n'est pas un évènement, le succès est un processus. C'est un processus qu'il faut savourer. Une fois que vous avez atteint ce que vous pensiez être du succès, soyez reconnaissant, et misez plus haut. Cela vous poussera à aller de l'avant.

Un musulman est quelqu'un qui est constamment en train de poursuivre un niveau plus élevé. Jannatoul Firdaws est le point le plus haut qu'il faut viser au paradis. Le Prophète SAW disait : Si vous demandez à Allah le Paradis, demandez-lui le Jannatoul Firdaws (le plus haut niveau du Paradis). Ne soyez pas un minimaliste ! Allez plus loin, visez plus haut, fixez vos objectifs à nouveau.

Une fois que vous aurez atteint un objectif important, fêtez cela. Assurez-vous d'être heureux pour avoir atteint votre objectif. Ne rendez pas votre accomplissement insignifiant en disant que ce n'est rien. Fêtez cela. Et mettez les gens au courant des bienfaits d'Allah. Si vous prospérez dans votre business, fêtez cela avec votre famille. Achetez quelque chose à votre femme, profitez des faveurs dont vous avez été comblées et voyez ce qui arrivera à votre compte bancaire.

PRINCIPE V

CROYANCE

1

LE SYSTEME DE CROYANCE POUR LE SUCCES

SANS HESITATION

Qu'est-ce que la vraie croyance ? Ceci constitue véritablement l'un de mes chapitres préférés sinon mon principe favori.

A travers mes conversations avec les entrepreneurs musulmans les plus prospères, j'ai eu à rencontrer des convertis. Pour certains, vous allez trouver que leur foi est née à travers un rêve comme ça a été le cas avec le docteur Amina Coxon. Ensuite, ils ont ouvert le Coran qui commence par :

« Ceci est le Livre dans lequel il n'y a aucun doute »

-Al-Qour'an, Sourah Al-Baqarah, Ayah 2

Combien de livres connaissez-vous qui commencent de cette façon ? Un livre qui déclare qu'il n'y a aucun doute dessus ?

Qu'est-ce que cela vous indique ?

Premièrement, qu'il faut croire avec une conviction pleine. Ce n'est pas une foi avec laquelle on hésite ou une foi de demi-mesure. C'est une foi sans doute. Ceci est la foi que nous voudrions posséder.

Vous devez adopter la même philosophie dans votre business.
Si vous hésitez en ce moment, si en ce moment, vous ne croyez pas en vous-même, pensez-vous vraiment que les gens vont vous croire ? Le premier pas à prendre, c'est donc d'augmenter votre foi. Faites grandir votre foi.

Le second point, c'est que la foi en Islam est une foi sans superstition ; c'est une foi qui est fondée sur la preuve et l'évidence. De la même manière, avoir une foi avec preuve et évidences est la situation idéale pour votre business.

LE VERSET DU SUCCES

Ceci est véritablement le point le plus élevé de l'état d'esprit de l'entrepreneur musulman. Nous avons parlé de se fixer des objectifs, nous avons parlé de comment planifier les choses, de faire des plans et d'exécuter ces plans pour pouvoir atteindre des niveaux de plus en plus élevés.

Maintenant ce dont je voudrais parler c'est comment atteindre son objectif, réaliser son rêve en utilisant le Coran. Cette idée me vient de mon ami et Mentor, Imam Ashraf Zaghloul, le Fondateur de NTG Network Clarity Inc. Il aime à l'appeler l'Ayah du succès. Le Ayah qui vient avant dit :

« Quiconque désire la vie immédiate. Nous nous hâtons de donner ce que Nous voulons, à qui Nous voulons... »

-Al-Qour'an, Sourah Al-Israh, Ayah 18

Et l'Ayah du succès dit:

« Et ceux qui recherchent l'au-delà et fournissent les efforts qui y mènent, tout en étant croyants... alors l'effort de ceux-là sera reconnu. »

-Al-Qour'an, Sourah Al-Israh, Ayah 19

Comme nous l'avons déjà dit, vous devez cultiver le désir de réaliser quelque chose et croire que vous allez le réaliser. Avoir la foi vous rend spécial. Tout est basé sur la foi pour le musulman, c'est notre croyance en Allah.

Cela s'applique aussi aux non-musulmans s'ils croient en eux-mêmes, en leurs objectifs et leurs entreprises ou produits. En tant que vendeurs, vous devez croire en votre service/produit pour pouvoir atteindre un niveau de succès élevé. En tant que musulman, vous devez croire en Allah et au fait que vous allez prospérer grâce aux capacités qu'Il vous a données.

Grâce à cette foi, on réalise que Celui qui donne sans compter pourrait aussi vous donner. Suivez l'Ayah du succès et attendez-vous à prospérer.

L'Ayah du succès de la Sourate Israh résume ce que le succès est. Il commence par la foi. Il est aussi question d'actions qui suivent cette foi. Il vous faut cultiver cette foi le plus rapidement possible. Ne prenez pas trop longtemps pour croire. Ayez juste la foi et foncez ! Vous verrez les gens investir dans votre business, vos produits ou même investir en vous si vous y croyez.

M. Salim Siddiqi a commencé son business dans un appartement au sous-sol à un âge avancé. Il avait la croyance. Il croyait au fait qu'il allait être son propre patron. Il savait que c'était possible et il commença son business sans hésiter, et sans disposer d'une large somme d'argent. Il n'a pas donné d'excuses. Il croyait juste qu'il allait réussir.

C'est pour cela que l'Ayah commence avec la foi qui est la chose la plus précieuse qui soit. Nous allons discuter de cela lorsque nous parlerons d'image propre, pour augmenter votre foi, pour augmenter votre croyance en vous-même et en Allah. Tout est question de foi. Rien ne peut être accompli sans la foi.

Donc, si vous êtes en train de diriger votre entreprise et que vous n'avez pas de foi, changez cela. Réalisez que l'activité sans foi, c'est juste de l'exercice. Vous êtes juste en train de faire des mouvements. Cependant si vous y avez foi, cela va multiplier tout ce que vous faites. C'est contagieux. Les gens peuvent sentir la foi. Ils peuvent aussi sentir l'incrédulité. Les gens peuvent sentir la foi comme une femme sent l'amour, à des kilomètres.

Pour gagner, faites en sorte que votre foi soit tellement grande que les gens, dans le pire des cas, se disent « je ne pense pas que tu vas atteindre cet objectif, mais… tu es suffisamment fou ». Même s'ils ne suivent pas tous vos pas, éventuellement quelqu'un croira en vous, car c'est ainsi que la foi marche. Elle est vraiment contagieuse.

L'ARGENT APPARUT

En tant qu'entrepreneur musulman, la différence la plus importante entre vous et tout le monde autour est cette foi en Allah. Elle se manifeste partiellement par une confiance totale en Allah.

Quand vous observez l'oiseau, il sort le matin. Il ne sait pas d'avance s'il va manger ou pas. L'oiseau sait que quand il sort, il va retourner la nuit avec un estomac plein et que sa famille sera nourrie. Vivez-vous la même situation ? Avez-vous la même certitude par rapport à votre Rizq ? Est-ce que votre fiche de paie est aussi certaine ?

La plupart des gens se trouvent un boulot de nos jours. La raison pour laquelle ils le font, c'est pour la sécurité que cela leur apporte. Ils sont certains de recevoir une fiche de paie à la fin du mois, juste comme l'oiseau est certain d'être nourri. C'est parce qu'ils sont plus certains que la société les paiera qu'ils sont certains de leur propre aptitude à générer la même somme d'argent.

En tant qu'entrepreneur musulman, vous devez être certain que votre Rizq va venir de votre entreprise, tout comme l'autre personne est certaine de recevoir sa fiche de paie. Et c'est là, la différence fondamentale.

Un autre exemple de dépendance totale en Allah auquel je pense, c'est lorsque mon mentor Imam Ashraf Zaghloul, le Fondateur du NTG Clarity Networks Inc. ne pouvait pas payer ses salariés. L'argent n'était pas là. Mais sa dépendance en Allah SWT y était. Il dit : «Personne ne veut me prêter de l'argent et je ne peux pas payer mes salariés. » Cependant, il avait cette dépendance en Allah et sa solution fut de faire beaucoup d'Istighfars (dire Astaghfiroullah). Il demanda à tout le monde dans le bureau d'en faire autant :

«Dépendez d'Allah et faites des Istighfars .»

-Ashraf Zaghloul, fondateur de NTG Clarity Networks Inc.

Il demanda même à son comptable de le faire et au bout de quelques jours, l'argent apparut. Espérez de bonnes choses de la part d'Allah et vous verrez de bons résultats. Vous devez avoir une dépendance totale en Allah et avoir foi que personne ne peut vous aider excepté Allah SWT. Donc si vous faites vos actions en tant qu'entrepreneurs, souvenez-vous-en.

Mujeeb Ur Rahman me dit qu'il a traversé des moments difficiles dans son business. Sa famille était menacée et ainsi de suite. Quand il était en prison, aucun de ses amis ou associés ne se montra pour l'assister. C'est en ce moment qu'il réalisa qu'Allah seul pouvait l'aider. Vous devez tisser des liens avec les gens, mais gardez à l'esprit qu'ils ne peuvent pas vous bénéficier. Ils ne peuvent pas vous nuire non plus sans la permission d'Allah.

« JE SUIS LE MEILLEUR »

Une action sans foi, c'est juste de l'exercice.

On a parlé de foi et de comment l'utiliser quand on travaille. La crainte est en réalité une apparence. La réalité est différente. Faites ce que vous avez à faire, bien que vous soyez incertain. Faites-le malgré tout. Préparez-vous avec enthousiasme par rapport au futur de votre entreprise.

Vous devez aussi arrêter de parler négativement de vous-même. Parlez positivement et inévitablement votre foi augmentera.

En Amérique, le premier Mouhammad qui soit célèbre, est sans aucun doute le légendaire boxeur Mouhammad Ali. Un Afro-Américain qui a embrassé la foi islamique. Des années 60 jusqu'aux années 80, il était le boxeur numéro 1 au monde. En 1964, le jeune Ali faisait face au champion du monde de l'époque Sonny Liston. Il fit un discours qui le rendit célèbre : « Je suis le meilleur ». Etant le meilleur, Ali ne pouvait pas perdre. Vous pouvez utiliser le même pouvoir dans votre business.

VOUS ETES UN GAGNANT

Vous lisez ce livre parce que vous voulez être riche, vous voulez savoir comment les entrepreneurs musulmans à succès ont fait pour prospérer. Vous voulez devenir quelqu'un qui a un impact sur le monde. Vous voulez changer votre vie de famille. Vous voulez changer le cours de votre nation. Quel que soit votre but, vous devez aller vers la direction qui mène à un grand succès. Comment changez-vous de paradigme?

Voyez-vous, pour devenir riche, vous devez de prime abord vous sentir riche. Si vous pensez comme une personne pauvre, ou que vous vous comportiez comme un pauvre, vous allez simplement être et rester comme cette personne.

Vous devez vous voir riche et vous considérer comme déjà fortuné. C'est la seule manière de devenir riche.

La taille de votre compte bancaire ne doit pas dicter comment vous vous sentez. Est-ce que vous vous valorisez? Est-ce que vous valorisez vos idées? Cela n'a rien à voir avec votre compte bancaire.

Dites-vous : « Je suis riche, je suis un gagnant. » Oui, vous êtes un gagnant.

Allah dit dans le Coran, « Il a créé l'homme à partir du sperme ». La science a découvert qu'il y a des millions de cellules dans ce sperme et l'une d'elles est vous. C'est la seule qui a pu atteindre l'œuf (de la mère).

Qu'est-ce que cela veut dire ? Cela veut dire que de toutes les combinaisons possibles, Allah vous a choisi. Allah vous a créé comme une combinaison gagnante. Allah dit qu'Il a honoré le fils d'Adam. Les anges ont reçu l'ordre de se prosterner devant notre père Adam.

Donc, vous êtes déjà un gagnant. Changez votre paradigme. N'arborez pas des pensées morbides telles que «nous sommes une nation perdante, mon pays est pauvre.» Il n'y a pas de nation perdante, il n'y a pas de pays qui soit pauvre. Seuls ceux qui se sentent bien dans leur peau prospèrent. Quand est-ce que vous avez entendu la dernière fois un Chinois dire « mon pays est pauvre » ?

Vous n'êtes pas pauvre, vous êtes un gagnant ! Ceci est l'attitude que vous devez avoir.

Une autre chose que vous devez faire, c'est d'arrêter d'écouter des propos négatifs. Arrêtez d'écouter les nouvelles télévisées. Arrêtez de regarder les gens souffrir. Soyez positif. Placez votre dépendance en Allah et sachez que vous êtes une nation gagnante. Nous sommes une nation leader. Vous êtes un gagnant. Vous avez déjà gagné. Avez-vous déjà entendu des classifications comme le G8, G7, G20 ?

Des classifications comme pays du deuxième, du tiers-monde et pays industrialisés ? Tous ces termes sont de termes subversifs que vous ne devez pas utiliser dans votre vocabulaire. Si vous vous voyez comme appartenant au tiers-monde, vous allez y rester. Avez-vous déjà remarqué que les pays passent rarement du statut de pays du tiers-monde à pays industrialisé ? C'est comme ça que c'est censé marcher. C'est de la programmation.

Pourtant, ce n'est pas vrai. Vous pouvez devenir riche, où que vous soyez, à ce moment précis. Il n'existe pas de raison de bouger, de changer de pays, ou de ville. Effectuez un changement en vous. Trouvez les gens riches qui sont déjà dans votre pays, votre quartier. Changez votre cercle d'amis et cela changera votre paradigme.

2

LES CROYANCES NEGATIVES

UNE VOILEE (HIJABI) A HOLLYWOOD

Un bébé naît avec seulement deux craintes ; celle des bruits forts et celle de tomber. Celles-ci sont les seules craintes naturelles. Il y a aussi la crainte naturelle d'Allah.

Ce que l'Islam appelle la Fitra. C'est-à-dire la disposition naturelle de l'être humain. Toute autre chose vient de limitations contre nature. Très souvent, nous plaçons des limitations artificielles sur nous-mêmes. La plupart de ces limitations viennent de notre environnement.

Par exemple, cela pourrait être des parents qui disent à leur enfant : «tu ne peux pas faire ceci» ou bien une personne essaie une chose et cela ne marche pas. Dans les deux cas, les limitations commencent à s'infiltrer chez la personne. Si vous croyez que vous n'êtes pas éloquent, alors vous ne serez pas éloquent. Si vous croyez que quelque chose en vous est vrai, celle-ci la sera.

La société a établi beaucoup de croyances qui peuvent vous limiter. L'une d'elles pourrait être qu'une femme musulmane a un désavantage. Et pourtant dans l'histoire de l'Islam, on sait que Khadija RA était une femme d'affaires très prospère. Elle n'a pas eu à s'aventurer seule et essayer de tout faire par elle même. Elle fit preuve d'une grande intelligence en recrutant de bons managers et en déléguant ses fonctions. Elle était une entrepreneure et une investisseuse douée de sagesse qui prenait soin de sa fortune et de ses actifs.

C'est comme ça qu'elle épousa le Prophète SAW qui était un de ses managers les plus importants. Elle reconnut son bon caractère. Donc l'Islam n'a imposé aucune limite à la femme en matière d'entrepreneuriat. Il a juste donné à la femme des étiquettes et des voies à suivre pour interagir et conduire ses activités commerciales. Une femme musulmane pourrait être extrêmement riche et d'ailleurs le monde islamique en regorge.

Lena Khan est une femme qui porte le hijab et qui vit à Los Angeles, en Californie. Pour elle, les limitations n'existent pas. Elle est la première femme productrice musulmane à Hollywood, et est en voie de produire des films de grande envergure. Il n'y a pas de concept de race en Islam. Il y a juste des tribus et le Prophète SAW a beaucoup œuvré pour les unifier.

La race est un concept occidental. Beaucoup de gens se disent qu'ils sont de ce continent ou d'une telle race et s'attendent à avoir des résultats qui sont limités par ce qu'on attend de cette race. Ils pourraient aussi s'imposer des limites basées sur leur religion, ou leur race, ou leur classe sociale.

Dans l'Islam, peu importe ce que votre religion a été dans le passé ; du moment où vous vous réformez et faites de votre mieux pour abandonner les mauvaises habitudes, il n'y a rien d'autre qui compte. Il n'y a pas de barrières entre les races ou les classes sociales. Tout le monde prie ensemble. Tout le monde est égal au regard de Dieu. Seuls les êtres humains placent de telles limitations contre nature. Par exemple, s'ils se disent «je vais juste me marier avec une personne issue d'une certaine classe. » Il n'y a pas de différence entre le riche et le pauvre. Nous devons savoir qu'en tant que musulmans, Allah SWT nous a donné dès la naissance, un certain statut et qu'on est très précieux, peu importe notre origine sociale.

LA MALAISIE PROSPERE

Les croyances négatives vous ôtent ce que vous avez de plus précieux : votre foi. Imaginez que vous deveniez riche et que vous décidiez d'acheter des lingots d'or. Vous placez les lingots dans votre coffre-fort qui a un système de fermeture très sécurisé.

Donneriez-vous la clé ou la combinaison à n'importe qui ou allez-vous la garder précieusement ? Votre esprit est encore plus important que ces lingots d'or.

Une croyance négative est une croyance qui ne vous sert à rien. C'est comme aller en randonnée. Si vous devez faire plus de dix kilomètres, vous n'allez pas partir avec un sac rempli de cailloux ou de choses dont vous n'avez pas besoin. Ce serait bête. C'est la même chose pour les personnes qui s'accrochent à ce qu'ils ont cru dans le passé, qui ne servent à rien, qui ne les aident en rien…

Ils se disent : « je ne peux pas, car cela n'a pas marché avant ».

Or, si vous vous accrochez à une croyance négative du passé, vous interprétez la réalité de la mauvaise manière. Disons que vous essayez quelque chose et que cela n'ait pas marché sur le coup. Cela veut juste dire que vous devez faire quelque chose de différent. C'est pour cela que les entrepreneurs musulmans sont prospères. Il s'agit surtout de cultiver une foi en soi qui est solide.

Lorsque M. Rizvee m'a dit qu'il voulait augmenter sa croyance, sa foi, qu'il voulait augmenter sa croyance personnelle, ce que sa fille possédait était très inspirant. Il suffit de l'entendre parler d'exploration spatiale et de comment il envisage d'envoyer sa fille de 12 ans dans l'espace. C'est merveilleux ! On se rend compte qu'il est possible de faire plus, d'être plus pour nous-mêmes et surtout pour nos enfants.

Une autre croyance négative, c'est de dire « mon pays est pauvre, ou mon peuple est pauvre. » Si vous croyez ça en votre for intérieur, rien ne va changer. Les Japonais ont perdu misérablement durant la Seconde Guerre mondiale. Pourtant, ils ne se sont jamais considérés comme pauvres. Les Malaisiens appellent leur pays « Malaisie Prospère ». Donc, ne croyez jamais que votre pays ou votre peuple est pauvre.

Vous allez tout droit vers l'échec. Si vous croyez que vous pouvez, vous le pourrez vraiment. Certains entrepreneurs musulmans très prospères ont une image très positive de leurs pays même s'ils ne sont pas issus de familles riches. Ils lancèrent leurs entreprises et pensèrent qu'ils pourraient rendre leur pays plus propre, plus efficace, plus agréable et gagner une place à l'international.

Je voudrais que vous abandonniez le passé pour faire place au futur : Un futur dans lequel vous êtes vainqueur. Je n'insinue pas qu'il faille ignorer les pauvres et prétendre qu'ils n'existent pas. Concentrez votre attention sur les richesses de ce monde et vous pourrez mieux rendre service aux pauvres, une fois que vous serez vous-mêmes riches.

IL Y A SUFFISAMMENT DE RESSOURCES

Vous avez besoin d'une croyance qui vous rend service. Trouvez les croyances qui vous retardent et débarrassez-vous-en. On enseigne très souvent à l'école que les pensées, tout comme les ressources, sont limitées. La vérité c'est qu'il y a assez de ressources, d'abondance dans ce monde. Ils nous disent que la terre est surpeuplée. Ceci n'est pas une croyance islamique. Quand Allah nous a créés, Il nous a donné suffisamment de ressources. Il n'a pas mentionné qu'Il nous a donné des ressources limitées.

Il y a suffisamment de place dans la seule Australie pour accueillir confortablement tous les êtres humains avec une maison et un jardin !

Si l'on fait le calcul avec 7,6 millions de km2 et 7 milliards d'individus, on trouve que chaque individu sur Terre pourrait occuper une surface de 1086 m2. Donc, la Terre est plus qu'assez vaste. Les ressources sont suffisamment larges. Il y a des montagnes et des océans inexplorés.

Quelles sont les autres croyances qui ne nous aident pas ? Si vous venez d'un pays musulman, vous pouvez être amené à croire que votre pays est un pays du tiers monde. Ceci n'est pas une croyance qui vous rend service. Si vous croyez que vous venez d'un pays pauvre, ceci n'est pas une croyance qui vous servirait.

Une croyance qui pourrait vous servir est que vous êtes riche, que vous pouvez réussir, que vous pouvez gagner.

Débarrassez-vous de toutes ces croyances qui ne vous servent pas.

Si vous croyez que le monde est injuste à votre égard, à cause de votre couleur de peau, de votre genre, de votre religion, alors ces convictions ne vous servent pas. Cela pourrait être vrai comme cela pourrait être faux. Dans les deux cas, cela ne vous sert pas. Donc, ne gardez pas cette croyance. Utilisez uniquement les croyances qui vous servent. Gardez uniquement les croyances qui vous servent pour créer de la richesse, du succès et de la prospérité.

Je finis avec un conseil pour mes Frères et sœurs qui subissent les maux de l'injustice et du racisme. Les entrepreneurs qui réussissent ne sont pas aveugles à ces réalités. Ils choisissent juste de ne pas se concentrer sur cela. Il n'y a pas de revanche plus forte que le succès. Donc, concentrez vos énergies pour triompher au lieu de vous plaindre.

ELLE MAITRISE SON SUJET

Véritablement, la différence entre la foi et la conviction est que la conviction est basée sur la preuve. La conviction est pareille que la foi, mais elle est supplémentée de preuves qui sont basées sur ce qu'on voit. La foi, c'est croire en quelque chose et croire qu'elle se réalisera.

En tant qu'entrepreneur musulman, lancez-vous et ayez foi que cela va marcher. Vous ne connaissez pas le futur, mais une fois que vous sécurisez une vente puis deux, votre foi augmentera.

Une des leçons que j'ai apprises de l'architecte turque, Mme Selva Gurdogan, c'est qu'il est important de connaître les moindres engrenages de son business pour appuyer votre foi. Mme Gurdogan a étudié dans l'une des meilleures écoles d'architecture et elle est aujourd'hui pionnière dans plusieurs domaines de la planification urbaine. Un de ses projets les plus remarquables était de faire le design pour un espace cyclable à Istanbul. Un autre projet était d'aménager un espace qui pourrait accueillir plus de 2,5 millions de véhicules dans la métropole. Il n'y a rien qui puisse empêcher le musulman qui croit en ses propres capacités d'atteindre un standard d'excellence élevé.

Soit, vous croyez à 100 %, soit vous avez de la crainte. Vous ne pouvez pas vous contenter de 99 % de croyance. En tant qu'entrepreneur qui travaille pour une vision personnelle et particulière, vous devez avoir une foi absolue en votre projet.

DOUTEZ OU AYEZ FOI

Lorsque vous commencez votre business, les deux premières années sont en général les plus difficiles. Vous devez faire décoller votre entreprise mais les résultats sont inexistants ; il n'y a pas encore de croyance. Sur quoi pouvez-vous baser votre croyance ?

Vous devez juste avoir foi en votre vision et votre futur. Si vous ne faites pas attention, les doutes peuvent s'infiltrer. Cela est dévastateur à tout business.

Ce que vous devriez savoir, c'est que le doute vient de votre environnement, des gens que vous fréquentez. Cela vient aussi d'une mauvaise préparation. Vous avez donc commencé votre business sans vous préparer. La maîtrise n'est pas nécessaire, mais vous devez au moins, commencer le processus. Si vous n'êtes pas prêts, les distractions viennent aisément. Si les doutes viennent, ils peuvent avoir des conséquences lourdes.

Cheikh Said Rageah devint un Imam parce que quelqu'un lui a dit : « Je sais que tu vas devenir Imam ». C'est ça la force d'avoir des gens qui croient en vous. Même si auparavant, il n'y avait pas pensé, il étudiait pour devenir un docteur. Mais quand il monta sur le Minbar (pupitre) pour la première fois, les gens savaient qu'il ferait l'affaire. Aujourd'hui, c'est un imam de renommée internationale, et en plus de cela, il a une chaîne télévisée et motive les jeunes gens à être plus accomplis. Qu'est-ce qui se serait passé s'il avait écouté les douteurs qui avaient froncé les sourcils à son premier sermon ?

Les doutes peuvent aussi venir quand vous subissez échec sur échec. Ces échecs sont juste des piédestaux pour le prochain succès. Mujeeb Ur Rahman commença son entreprise avec son frère à Doha. Ils visitaient les chantiers, parlaient aux gens, acquéraient des clients, les conduisaient à chaque immeuble en voiture. Après cinq ans, ils avaient une longue liste de clients. Ils étaient préparés. Vous devez être préparé pour ne laisser aucune place au doute.

Vous pouvez l'entendre dans les voix de ces entrepreneurs. M. Mujeeb me dit : « tout musulman devait être entrepreneur et croire sans l'ombre d'un doute qu'il réussira ».

Le doute est une habitude d'indécision. Tous les entrepreneurs à succès que j'ai interviewés étaient décisifs. Quand ils prennent une décision, ils s'y plient. C'est pour cela qu'ils sont ce qu'ils sont. Faites-vous donc une faveur. Eliminez l'indécision. Soyez tranchants et préparés pour le succès. Ensuite, soyez tranchants après vous être bien préparés. Sachez que vous prenez les bonnes décisions, que vous avez la bonne idée. Donc, allez-y sans aucun doute. Allez-y sans détour.

3

INTENSIFIEZ VOTRE FOI

BATISSEZ SUR DU ROC

Une fois que vous avez commencé votre entreprise, vous croyez qu'il est possible de réussir et votre optimisme se trouve au plus haut. Mais des obstacles pourraient surgir.

Parfois, les gens mentent ; parfois, vous perdez un client. Cela est vrai pour tous les entrepreneurs à succès que j'ai eu à rencontrer. Plusieurs d'entre eux ont fait face à des obstacles.

Mais, comment avoir une croyance d'acier que rien ni personne ne peut secouer ?

Avant tout : Soyez déterminés. La détermination est que je vais réussir. Un bonhomme que j'ai rencontré une fois dit : « je vais réussir ou mourir ».

Ça, c'est une détermination de fer ! Ce jeune homme venait d'une région en guerre et il avait perdu toutes ses richesses quand il a immigré. Pourtant, quand il commença son entreprise, il avait suffisamment de force pour dire « je vais réussir ou mourir ». Quelques rejets et échecs ne vous tueront pas. Développez de la détermination !

Deuxièmement, pour grandir votre croyance, bougez tout le temps.
Très souvent, vous commencez un business et des obstacles surgissent. Comment faire pour garder votre croyance ? Il se pourrait que vous ayez discuté avec votre femme à propos d'argent parce que vos finances vont mal. Si vous êtes de mauvaise humeur, vous devez bouger ; vous devez être en activité. Vous pouvez même vous promener autour du quartier. Vous verrez que votre humeur changera. Faites quelque chose ! Bougez.

En matière d'activités entrepreneuriales, vous devez bouger aussi. Peut-être qu'en ce moment, vous appelez 2 personnes par jour. Augmentez-le d'un cran. Appelez en 5. Soyez en mouvement constant. Car si vous bougez, vous n'avez pas le temps de douter de vous-même. Ne permettez pas à l'inactivité de s'y glisser parce qu'alors vous allez commencer à douter de vous-même. Soyez constamment en train de bouger pour avoir cette croyance qui ne fléchit pas.

LE CANEVAS POUR LE SUCCES

Le canevas, le plan directeur de l'Islam, est basé sur la Siira du Prophète SAW. C'est son histoire. Vous pouvez l'étendre aux histoires des compagnons qu'il a spirituellement élevés lui-même.

Vous remarquerez dans la Sira (histoire de l'Islam) des tendances au sujet du succès. Une croyance énorme est essentielle pour atteindre votre but. Voyez-vous, la plupart des gens comme Abdur Rahman Ibn Auf ont laissé tout leur argent pour faire la Hijra. A Médine, ils commencèrent à partir de zéro. Une fois sur place, ils furent jumelés avec des Sahabas Ansars. Ibn Auf lui, fut jumelé à Saad Ibn Rabii» qui avait 2 femmes et beaucoup de richesse. Saad offrit à Ibn Auf une de ses femmes et la moitié de sa richesse. Mais Abdour Rahman Ibn Auf le remercia, tout en lui priant de garder ses biens. Il lui demanda : «Montre-moi juste l'emplacement du marché». Il s'y rendit et commença à commercer. Au soir, il avait suffisamment de quoi s'acheter à manger. Et en quelques semaines, il devint assez fortuné. Il fit tout cela par ses propres efforts.

Ces compagnons étaient très prospères de leur temps et ont utilisé leurs ressources pour sécuriser leurs places au Paradis.

Nous distinguons quatre types de richesses :
La première : la personne qui a beaucoup de richesses et qui l'utilise dans le sentier d'Allah.

La seconde : Celle qui n'a pas de richesse et qui est jalouse de la première qui donne dans le sentier d'Allah. Cette seconde se dit : si j'avais de la richesse, j'en donnerais moi aussi.»
La troisième : est celle qui est riche et qui l'utilise d'une mauvaise manière soit en commettant des péchés ou en faisant du tort aux autres.
La quatrième : est la pire de toutes ces personnes. Elle est pauvre et pourtant espère devenir riche pour pouvoir faire des choses interdites. Elle est jalouse de la personne riche qui fait des mauvaises choses.

Dans cet ordre, les deux premières sont les meilleures. Et les deux dernières sont les pires. Souvenez-vous, la meilleure est celle qui donne dans le sentier d'Allah.

IL GAGNA **2 000 000 $** EN UN JOUR

Dans le passé, les marchands étaient nés dans des familles commerçantes la plupart du temps. Jusqu'à ce jour, beaucoup d'entrepreneurs sont entrepreneurs parce qu'ils viennent de familles d'entrepreneurs.

Cela montre que si vous avez peu d'expérience et que vous voulez devenir un marchand, vous devrez apprendre de nouvelles choses ; car être un marchand c'est différent d'être un client.

Le jour du lancement du iPhone 6 (un modèle de Smartphone de 2014), Com Mirza nous montrait comment on peut gagner 2 000 000 $ en un jour. Il paya des managers et des revendeurs pour superviser l'achat et la revente.

Il conclut une entente avec un ami de Dubai et paya des managers pour envoyer les téléphones au Moyen-Orient. Deux choses ont été déterminantes : Saisir l'opportunité et avoir un état d'esprit ambitieux.
Au lieu de se dire : « Je vais acheter ce nouvel iPhone », il pensa :

« Je vais monétiser le nouveau lancement de ce produit .»

- Com Mirza, PDG Mirza Holdings

Il vous faut rêver, calculer et prendre des risques calculés. C'est cela être marchand. Les marchands se demandent toujours « comment puis-je prendre avantage de ceci ». La mentalité est toujours orientée vers le profit. L'un des moyens les plus simples pour commencer à adopter les habitudes d'un marchand, c'est de passer du temps avec d'autres marchands.

Certaines personnes que j'ai rencontrées au Sénégal sont devenues des commerçants parce qu'ils passaient beaucoup de temps avec d'autres marchands. C'est le même processus pour les entrepreneurs ; ils sont avant tout des marchands ; ils vendent constamment des services, des articles… Peu importe le produit, le processus est le même. Ils essaient toujours d'améliorer leurs marges de profit.

PERSONNE NE BEGAIE ICI

Votre vocabulaire s'apprend. Tout ce que vous dites aujourd'hui, la manière de vous exprimer, les mots utilisés sont appris de votre environnement. Cela pourrait venir de l'école, du quartier environnant, des frères et sœurs.

Une étude anthropologique avait été réalisée en Amazonie. Dans cette tribu, il n'y avait pas le terme « bégayer » dans leur vocabulaire. Et devinez quoi ? Personne ne bégayait dans cette tribu.

Voyez-vous donc pourquoi il est important d'éliminer certains mots de votre vocabulaire, surtout les mots négatifs ?

Vos mots créent votre réalité. Evitez les expressions qui suggèrent l'échec et le doute. Les dires tels que :
«Ce n'est pas juste, le monde devrait être comme ceci, je ne suis pas sûr, etc. » ne vous sont pas utiles.

En revanche, utilisez des expressions de certitude telles que «je suis certain», «nous avons un défi, et nous allons le relever». L'Islam, encore une fois, donne un avantage à l'entrepreneur musulman. Dans une narration, Le Prophète SAW disait que tous les matins les organes disent à la langue de craindre Allah pour leur bien.

En gros, si la langue n'est pas contrôlée, le reste du corps est affecté. Quelle meilleure exhortation pour dire du bien à notre propos d'abord, avant de dire du bien des autres !

Votre vocabulaire est appris. Changez votre vocabulaire et vous prospérerez. Malcolm X passa de nombreuses années à mémoriser tous les mots du dictionnaire, car il savait que si vous ne contrôlez pas ce que vous dites, si vous ne connaissez pas certains mots, alors vous serez aisément manipulable. C'est ce qui arrive à beaucoup de gens qui regardent les médias de masse.

Très souvent, les mots sont manipulés pour induire un sens différent. Les mots que les victimes des médias veulent employer pour exprimer leurs idées n'existent pas. Ce qui fait qu'ils sont incapables de penser correctement. Il est très important d'être articulé, de savoir ce qu'on dit.

L'un des entrepreneurs les plus articulés que j'ai rencontrés est M. Yaqub Mirza.

C'est un homme très intelligent et à la tête d'actifs évalués à 3,8 milliards de dollars. Un jour, il négociait un marché important avec une personne moins expérimentée. Il s'agissait de l'achat d'une ferme et d'équipements. Il utilisa des arguments très puissants et commença à dominer l'autre partie. Durant la négociation, il réalisa qu'il tirait avantage de l'autre personne à cause de son niveau de communication plus élevé. Il s'arrêta. C'est là l'esprit qui pense à Allah qu'un vrai entrepreneur musulman possède. Vous devez savoir quand vous arrêter.

Vous pouvez utiliser vos capacités et vos connaissances pour communiquer ou parler d'une manière influente. Cependant, vous devez aussi garder votre crainte d'Allah pour ne pas exploiter les gens dans une situation de gagnant-perdant. Essayez toujours de créer un scénario gagnant-gagnant.

LE CHAMPION MUSULMAN
DE 300 MILLION DE DOLLARS

Vos croyances viennent des choses que vous regardez, des gens avec qui vous communiquez et des activités que vous faites. La première, c'est les choses que vous voyez. Observez-vous vos buts ? Mentalement et visuellement ? Est-ce clair pour vous ?

J'étais juste en train de lire l'histoire du boxeur Mike Tyson. Comme vous le savez, il est musulman. Il a eu une vie très perturbée avec beaucoup de rebondissements et de difficultés. Pourtant, ce qui est remarquable avec lui, c'est qu'il a réussi.

Il grandit dans le milieu infesté de crimes et de drogues que fut Brooklyn. Il fut initié à la boxe dans une école qui était dans un quartier plus propre. Il devint plus tard, à 20 ans, le plus jeune champion du monde de boxe en catégorie poids lourds. Il se fit une fortune de plus de 300 000 000 $, mais tout cela avait commencé par un changement d'environnement. C'est de cette manière que les gens gagnent.

Une autre façon de changer votre croyance en profondeur se trouve à travers vos interlocuteurs. Parlez-vous aux bonnes personnes ? Peut-être que votre ambition est de devenir un spécialiste de marketing sur internet. Alors, discutez avec quelques spécialistes du marketing. Passez du temps avec quelques millionnaires et observez ce qu'ils font.

Votre objectif est peut-être de devenir un photographe de renommée internationale. Alors, allez parler à Peter Sanders. Il n'y a aucun autre moyen, parlez aux bonnes personnes.

Une autre manière de transformer votre croyance est de changer votre activité. Si vous faites l'activité assez souvent et êtes assidus, vous développerez la croyance qu'il faut. J'ai eu quelques amis qui me disaient tout le temps : « tu fais du karaté avec tellement d'aisance. Comment est-ce possible ? »

J'explique toujours que c'est parce que je le fais depuis si longtemps, depuis l'âge de cinq ans. C'est une passion et c'est pour ça que c'est facile pour moi de le faire. Quand vous faites quelque chose à longueur de journée, cela devient une habitude. C'est valide pour votre business aussi. Continuez à le faire.

Vous avez juste besoin de suivre de ces quatre étapes pour faire croître votre croyance : mettez-vous dans le bon environnement parlez aux bonnes personnes ; éloignez-vous des circonstances qui ne vous servent pas et faites l'activité régulièrement.

L'ART DE L'INFLUENCE

L'influence est en réalité, juste un transfert de croyances. Il a été dit que le secret du succès est de grandir votre croyance. Soyez animés par l'intensité de votre enthousiasme. Cette passion est fascinante pour la plupart des gens. Donc, comment pouvez-vous influencer les gens ? Voyez d'abord si vous croyez en vos rêves quand vous vous regardez ; voyez si vous arrivez à vous convaincre devant le miroir.

Ce que j'ai retenu de mes interviews, c'est que la plupart des entrepreneurs ont foi en eux-mêmes. Je me rappelle avoir demandé à Dr Yaqub Mirza ce que je devais lire pour approfondir mes recherches sur les pratiques commerciales des musulmans. Il me répondit : « Lis mon livre ». C'est ce genre d'assurance qu'un entrepreneur à succès possède. Développez cette assurance si vous ne l'avez pas en ce moment. Ça prendra du temps, mais vous pouvez le faire.

Vous devez avoir cette attitude d'autopromotion. Faites la promotion de votre business, de ce que vous faites. Je l'ai vu chez Monsieur Rizvee. Il fait la promotion son business comme nul autre ne le fait. Dr Hatim Zaghloul, le fameux scientifique égyptien qui a inventé les technologies Wifi et 3 G est toujours dans les journaux, dans les livres (il a écrit son autobiographie), dans les télévisions et anime aussi des conférences à l'international. C'est ce qu'il faut pour réussir.

PRINCIPE VI

LE POUVOIR DU GROUPE

1

LE POUVOIR DE LA FAMILLE

JINNADO

En Islam, les liens de parenté sont connus sous le nom de Sila-tour Rahm. C'est fondamentalement les liens familiaux et ils occupent une place importante dans la religion. Ces liaisons sont très solides. C'est même à la limite quelque chose de sacré.

Dans chaque culture, les gens respectent ces liens. Le Prophète SAW, lui-même, fut accusé par les Khouraichites d'avoir rompu ces liens familiaux. Mais sa réponse fut : «Je suis venu renforcer ces liens de parenté».

Du point de vue linguistique, dans la culture peule, qui est fortement islamique, un parent est appelé Jinnado, ce qui veut dire celui qui a été conduit à aimer. C'est comme si l'on avait ouvert leurs cœurs pour y verser de l'amour. Un parent, malgré lui, ne peut qu'aimer ses enfants.

C'est pour cela que peu importe si la personne est une femme, un garçon ou une vieille personne ; vous devez donner beaucoup d'importance à quiconque qui a un lien de sang avec vous et lui accorder tous les droits qui lui sont dus.

Maintenant, en tant qu'entrepreneur, vous pouvez utiliser ces liens pour faire une fortune immense. Or, dans les relations d'affaires, chacun y va avec ses intérêts personnels. Pourtant, il y a une chose plus importante que cela ; les liens de parenté sont même plus forts que les intérêts personnels.

La base d'une richesse durable doit reposer sur de solides fondations. Et les relations sanguines sont les fondations les plus solides sur lesquelles vous pouvez bâtir votre entreprise.

Si vous cherchez à avoir une immense fortune, j'attire votre attention sur le point suivant. Supposons que vous avez votre idée, vous avez travaillé conformément à vos convictions, vous commencez à mettre en place votre business ; vous devez à présent apprendre à utiliser les liens de parenté et dans un cadre plus général, le pouvoir du groupe pour étendre votre activité.

QUI ETES VOUS ?

Je ne fais pas allusion ici à une race ou à une nationalité. Car celles-ci définissent une petite partie de votre origine. La question que je pose est celle-ci : qui êtes-vous ? De qui êtes-vous les descendants ? Comment se nomment-ils ? A quoi ressemblent-ils ?

Si vous n'avez pas la réponse à ces questions, allez faire des recherches. Allez aussi loin que possible. C'est votre tâche pour aujourd'hui : recherchez votre généalogie.

Je veux que vous vous investissiez à fond pour en connaître davantage sur votre famille. Car votre famille, y compris votre famille élargie, est votre premier réseau.

Voyez-vous, il est bien connu que certains traits de famille se passent de génération à génération. Par exemple, ma femme est architecte et adore faire des choses avec ses mains. Un jour, je lui ai demandé comment elle était excellente dans le travail du bois, bien qu'elle s'y fît mise que depuis peu. Elle répondit que son père, son grand-père et son arrière-grand-père ont tous travaillé dans la charpenterie. C'était l'entreprise familiale. Le savoir-faire est resté dans la famille pendant des générations.

Qu'est ce que cela vous montre? Cela vous dit que vous avez déjà naturellement un talent pour quelque chose. Et vous aurez un avantage personnel si vous vous appuyez sur votre famille.

Disons que vous soyez issus d'une famille d'enseignants, votre compétence principale pourrait être dans l'enseignement. En tant qu'entrepreneur, vous pouvez vous engager dans une activité qui repose sur l'enseignement. Il y a le marketing de réseau qui repose sur l'apprentissage de la vente par mentorat. Certaines personnes sont habiles avec les mots. Elles ont grandi dans un environnement où elles entendent les gens parler de manière éloquente, et en ont hérité naturellement. Elles peuvent faire carrière dans la vente ou le droit.

Regardez Steve Jobs, le feu fondateur de Apple, un pratiquant de religion ésotérique. Son père était le fils d'un millionnaire musulman de Syrie. Malgré le fait qu'il ne soit pas élevé par son père biologique, Jobs a hérité de cette détermination, de cet engagement, et aussi la croyance qu'il pouvait le faire lui aussi.

Donc, cherchez à vous connaître et découvrez les compétences de votre famille. Il est fort probable que vous aussi excellez dans le même domaine que les membres de votre famille. Donc, recherchez votre généalogie et retrouvez les points forts de votre famille. Découvrez ces points forts, développez-les, ils vous viendront naturellement.

Vous avez sûrement entendu parler de tribus prédisposées à former des érudits. Elles mémorisent le Coran plus facilement que les autres. Les personnes issues de ces tribus évoluent dans un environnement qui leur rend la chose facile, même si la bonne mémoire n'est pas un trait génétique dont ils ont hérité.

Si en grandissant, vous voyez les gens faire une certaine chose, vous développerez la croyance que vous aussi pouvez le faire. Si dix de vos cousins sont des Hafiz (ils ont mémorisé le Coran) par exemple, il devient plus facile pour vous de le faire. Pourquoi ? Parce que tout le monde l'a fait. Le business est tout pareil. Si votre famille fait des affaires, il vous sera plus facile de suivre leurs traces.

Cherchez donc à connaître votre généalogie et gagnez un excellent fondement. Imaginez-vous tel un arbre. Vous devez pousser vos racines sous terre, aussi profond que possible. Vous pourrez dès lors vous élever dans les airs.

Prenez comme exemple le bambou qui étend ses racines sous terre durant quelques années sans faire surface. Le paysan pourrait penser que le bambou est mort parce qu'il ne voit aucun résultat. Et soudainement, une fois que le bambou sort de la terre, il s'élance dans les airs jusqu'à faire près de 9 pieds dans une période de 90 jours.

Imaginez-vous donc creuser dans les racines de votre famille. Creusez aussi loin que possible. Vous pouvez en tirer de la force.

LE POUVOIR TRIBAL

Je sais que ce terme n'est pas très positif de nos jours, mais par ce terme, je fais allusion aux personnes autour de vous. Avant tout, cela concernera votre famille, vos gens à vous.

Usez de l'influence de vos proches et vous aurez quelque chose qui dépasse votre seule personne. Vous utilisez votre tribu pour atteindre vos objectifs et aidez les gens autour de vous par ce processus.

Il existe un grand mythe selon lequel en tant qu'entrepreneur, vous devez être un combattant solitaire. Ce mythe se présente ainsi : si vous avez une idée, alors poursuivez-la, même si vous devez en mourir. Croyez en votre idée même si personne n'y adhère en ce moment. Ce mythe n'est qu'une demi-vérité. La réussite ne se passe pas juste de cette manière.

Le succès, le succès durable, est quelque chose qui doit s'enraciner profondément dans le sol. Il doit avoir une base stable de sorte que vous pussiez vous lancer dans les airs. Un combattant solitaire n'a pas ce fondement. Un combattant solitaire ne réussira pas. De nos jours, des compagnies affirmeront ceci : « Notre PDG a eu son idée et est devenu soudainement milliardaire .» Une pareille affirmation est juste la partie apparente de l'histoire.

Voyez-vous, on ne réussit pas soudainement. Quelqu'un a une idée, une autre personne a probablement eu la même idée. Cette idée a marché pour l'une des personnes et pas pour l'autre. Très souvent, vous aurez à observer leurs sources de financements pour localiser la différence.

D'où leur viennent leurs financements ? Est-ce de l'entourage ? Est-ce que la tribu les a encouragés ? Par tribu, on se réfère aux parents, aux autres proches, aux professeurs, aux amis... Au sein de la tribu, quelles sont les relations qui ont promu l'objectif de ce soi-disant guerrier solitaire ?

Une fois que vous aurez cherché en profondeur, vous vous rendrez compte qu'il n'existe pas de combattant solitaire couronné de succès. En réalité, c'est toute la tribu qui travaille ensemble. Vous devez savoir qu'une fois que vous lancez votre activité, votre tribu, vos proches seront les premiers à vous assister ou vous soutenir. Même si l'entrepreneur n'a pas de soutien familial apparent, il a probablement été encouragé à s'efforcer et à acquérir une grande estime de soi dès le bas âge.

Vous devez aussi comprendre qu'ils sont les premiers à croire en vous parce qu'ils vous connaissent très bien. Faites attention tout de même, car ils peuvent aussi être les premiers à vous dénigrer pour la même raison.

Mais si vous visez à atteindre une réussite extraordinaire, vous devrez vous assurer que ces liens sont renforcés, et que vos proches croient en vous.

Il se peut que tout au début, vous ne puissiez pas recevoir d'eux le soutien financier nécessaire. Mais assurez-vous au moins d'être sur la même page. Si vous êtes mariés, parlez à votre épouse (ou époux). Discutez de vos objectifs, car ils sortent de l'ordinaire. Si votre but est de devenir millionnaire ou de créer une richesse durable et vous ne vous contentez pas d'un petit boulot ou d'une petite activité, alors votre périple ne sera pas facile. Vous aurez besoin de ce soutien initial, vous aurez besoin de cette assistance initiale.

Les investisseurs pourraient s'intéresser à la structure de soutien de votre famille avant de faire affaire avec vous.

S'ils découvrent que vous avez un soutien familial solide, ils vont probablement se dire : « si la famille l'assiste, cela signifie que c'est quelque chose à laquelle nous pouvons croire aussi. » Car votre famille vous connaît mieux que quiconque d'autre. Et une fois cette aide acquise, vous pouvez commencer à utiliser une puissance exponentielle. De cette manière, ce ne sera plus seulement vous qui travaillez, mais ce sera vous avec tant d'autres. Vous usez de leurs facultés intellectuelles et de leurs idées. Et vous pouvez aussi user de leurs talents, leur courage et leur support financier. Bref, toute sorte de choses qui vous aideront dans votre voyage.

LE CREDIT FAMILIAL

En tant qu'entrepreneurs, on aime souvent prendre des risques. Quand une excellente opportunité se présente, nous voulons être les premiers sur la file à investir notre argent et nos économies, juste pour faire marcher l'opportunité.

Les banques par contre, sont averses au risque (ils craignent le risque). Vous vous en rendrez compte lorsque vous lancerez votre activité. Vous verrez que les banques ne sont pas favorables à prêter de l'argent aux entrepreneurs. L'une des raisons est que l'entrepreneur pourrait rêver trop grand même en l'absence de preuve de succès dans le passé.

C'est la raison pour laquelle votre première ressource est vous-même. Ensuite, ce sont les personnes qui sont autour de vous. Cela peut être votre épouse, votre famille proche, vos frères, vos sœurs, votre famille élargie et ainsi de suite.

Beaucoup d'entrepreneurs que j'ai interviewés ont commencé ainsi. M. Shahzad Siddiqui a lancé son bureau d'avocats avec un prêt de 10 000 $ de son beau-frère.

C'est de cette manière qu'il a pu avoir un prêt sans intérêt qu'il a remboursé en une année. Même l'homme le plus riche d'Afrique, M. Dangote, a commencé ainsi avec un prêt de 500 000 nairas de son oncle, ce qui fait un peu plus de 3 millions de dollars de nos jours.

Il a ainsi pu démarrer ses activités avec un prêt sans intérêt qu'il a remboursé en une année. Il était juste âgé de 21 ans à cette époque et jeune diplômé de l'Université Al Azhar en Egypte. Il se rappelle avec nostalgie qu'il achetait des cartons de sucreries qu'il revendait dans son école élémentaire juste pour se faire de l'argent.

Comme vous pouvez le voir, que vous soyez jeune ou âgé, votre tribu est votre première ressource. Donc, renforcez et utilisez ces relations. Pensez à votre famille comme votre principal filet de sécurité. Vous aurez à user de ces liens quand presque tout le monde vous tourne le dos. Cela se passera vraisemblablement quand les choses deviendront difficiles. Bien souvent, seule la famille reste. Par amour, ils resteront pour s'occuper de vous ; gardez cela à l'esprit.

En cas de difficulté financière dans votre entreprise, ouvrez-vous à vos relations familiales pour trouver de l'assistance. Nous savons que la plupart des entreprises échouent entre les âges d'un an et de cinq ans. Essayez donc d'éviter les problèmes liés au financement en renforçant les liens que vous avez déjà.

C'EST DANS LE SANG

Commencez par connaître les modèles de réussite dans votre famille comme nous l'avons vu précédemment. Quelles sont leurs forces ? Quelles sont leurs faiblesses ? Quelles compétences existantes dans la famille pouvez-vous utiliser pour élargir votre activité ? Identifiez les plus grandes forces de votre famille pour trouver cela.

C'est exactement ce que M. Hamdi Ulukaya a fait.

Il a réussi en dépit du fait qu'il soit venu en Amérique tardivement et qu'il apprit l'anglais seulement après son émigration. Un Turc ordinaire issu d'un village kurde, sa famille détenait une entreprise de yaourt. Ils tenaient un cheptel et vendaient du lait tiré de leur bétail. C'était une famille simple qui menait une activité modeste. Il continua à travailler dans une ferme quand il voyagea aux Etats-Unis comme étudiant. Quand son père lui rendit visite, il goûta au yaourt que faisait son fils dans sa nouvelle ferme. Il fut très déçu par le goût. C'était de loin inférieur à ce qu'ils avaient en Turquie. Il conseilla à son fils de lancer sa propre activité de yaourt.

M. Ulukaya suivit les conseils de son père. Au bout de deux ans, il avait déjà installé une petite usine de yaourt dotée d'un matériel de base. C'était modérément rentable.

Finalement, il acheta une usine de yaourt entièrement équipée et son activité se développa de façon exponentielle. Sa marque de yaourt, Chobani Yoghurt, vaut aujourd'hui plusieurs milliards de dollars. La marque est tellement populaire que je n'ai eu aucun problème à trouver ce yaourt moi-même quand j'étais aux Etats-Unis.

Cela vous dit que n'importe qui peut utiliser les points forts de sa famille. Dans son cas, il savait travailler le lait et faire du bon yaourt. C'était cela le point fort de sa famille. En tant que professionnel du yaourt, il ne chercha pas à bâtir une firme dans le domaine de l'informatique (ou des logiciels). Il se concentra sur ce qu'il connaissait déjà.

Vous aussi pouvez faire pareil. Identifiez vos points forts ; vous pouvez avoir un succès extraordinaire même si vous êtes issus d'un milieu modeste une fois que vous aurez aiguisé vos compétences.

2

FAITES-LE ENSEMBLE

LES LOUPS SOLITAIRES MEURENT AFFAMES

Je discutais avec l'Imam Ashraf Zaghloul qui a une firme cotée dans le marché boursier de Toronto. Un formidable entrepreneur, comme on a pu le voir. Il m'a dit ceci : « Oumar, si tu te lances en affaires, vas-y en groupe. La main d'Allah est avec la Jama'a ; c'est ce que font la plupart des personnes qui réussissent ».

Ce conseil pourrait apparaître contradictoire avec l'idéal romantique qui nous est présenté à la télé et dans la culture populaire : l'entrepreneur rebelle qui fait son business seul. L'idée initiale peut venir d'une personne, mais l'entrepreneur doit former une alliance avec d'autres personnes pour atteindre le succès. Allah est avec le groupe (Jama'a) ; la réussite est avec la Jama'a ; pensez-y.

Vous aurez besoin d'un groupe avec vous afin de gagner du temps. Ceci est particulièrement vrai quand vous travaillez avec quelqu'un qui a des points forts qui vous font défaut. Disons que vous aimeriez vendre des logiciels, mais tout ce que vous savez faire, c'est écrire du code. Faire des affaires avec quelqu'un qui s'occupe du marketing et de la vente vous aidera. Cela vous épargnera du temps et augmentera la valeur de votre compagnie, car vous comptez maintenant sur les capacités des autres ; sur leurs aptitudes, leurs dispositions et leurs forces de caractère pour réaliser vos objectifs. En plus, vous y gagnerez tous et serez capables de comprimer le temps de travail.

Prenez la chose sous cet angle : certains logiciels requièrent plus de 10 000 lignes de code. Cela vous coûtera sans doute beaucoup de temps pour le faire. Disons que vous parveniez à écrire 100 lignes par heure, cela vous prendrait tout de même 100 heures. Et si vous devez corriger toutes les erreurs commises en cours d'écriture, cela pourrait vous prendre facilement 1 000 heures pour finir les 10 000 lignes de programme.

Si vous avez maintenant deux autres personnes avec vous, le temps requis pourrait être réduit à seulement 300 heures. Vous pouvez littéralement atteindre votre objectif trois fois plus rapidement, si vous avez deux personnes pour vous assister. Faites juste cela.

DES FRERES MILLIARDAIRES

Le financement fait la différence entre la réussite et l'échec. Dans une économie en plein essor, le principal élément de croissance est le financement. Et ce sont les entrepreneurs qui reçoivent ce financement.

En Islam, quand quelqu'un investit dans une affaire, celui-ci ne paie pas de Zakat sur cet investissement. C'est par ce biais que l'Islam encourage les musulmans à se lancer dans une activité entrepreneuriale plutôt que de thésauriser l'argent à la banque et accumuler des intérêts.

Comment pouvez-vous donc sécuriser un financement si vous n'êtes pas issu d'une famille riche ? C'est simple : élargissez votre cercle en incluant vos amis.

La tâche vous sera plus aisée si votre famille croit en vous, car vous pourrez mettre en commun vos ressources. Je peux vous dire que cela accélère votre réussite et réduit drastiquement la probabilité d'échec. Cependant, vous devez être juste et donner à chacun une part de votre business.

Le petit frère de l'Imam Ashraf, le docteur Hatim Zaghloul, fonda et dirigea une compagnie dont le capital dépassait le milliard de dollars au Canada. Sa technique de collecte de fonds reposait sur la présentation de l'idée à la famille, aux amis et à leur réseau élargi. Ses inventions sont à la base même du Wifi (internet sans fil) qu'on utilise de nos jours.

Il leur présentait son projet tout en croyant fermement à son avenir favorable. Sa conviction était contagieuse. Il avait une vision énorme tout en demeurant réaliste.

Au tout début, il s'attendait à monter une société de 300 000 000 de dollars, mais finit par avoir une compagnie qui dépassa le cap du milliard de dollars.

Son premier argument commercial était :

« Investissez 10 000 $ chez nous, et nous vous donnerons plus de parts que les gens qui viendront après. »

Dr Hatim Zaghloul, PDG de Wi-Lan Inc.

Il leur donnait ainsi une grande motivation. Pour compléter les financements durant la phase de croissance exponentielle de sa société, il puisa dans d'autres sources. Il vendit sa maison, sa voiture et plein d'autres biens personnels pour accumuler des fonds. Il usa de tous les financements qu'il était en mesure d'obtenir. Cela a nécessité un soutien considérable de la part de sa famille ; en particulier, de la part de sa femme et de ses enfants. Ayez-les à vos côtés. Croyez profondément en votre vision pour qu'ils puissent aussi y croire.

Toute entreprise a besoin de capitaux pour fonctionner. Votre financement est le carburant de la fusée de votre réussite. Comment votre fusée pourra-t-elle atteindre la lune si elle n'a pas de carburant ?

De même, si vous n'avez pas de financement, votre entreprise faillira. Certaines opportunités requièrent plus de capitaux que d'autres, mais en général, vous devez toujours prendre en compte ce facteur.

VOULEZ-VOUS UN COUP DE MAIN ?

Trouvez-vous un mentor ; c'est le premier pas. Un mentor est quelqu'un qui peut vous montrer la voie. Cela vous épargnera du temps, de l'argent et de l'énergie.

Comment allez-vous épargner du temps ? Cette personne est déjà arrivée là où vous voulez aller. Elle a déjà en sa possession ce que vous voulez avoir donc recherchez-la minutieusement.

Durant votre quête du mentor idéal, considérez les points suivants :
– Est-ce qu'il (ou elle) a le trait de caractère que vous recherchez ?
– Est-ce qu'il vous inspire ?
– Est-ce qu'il vous fournit les outils qu'il faut ?
– Est-ce qu'il sait ce qu'il fait ?
– Est-ce qu'il a suffisamment d'expertise et de maîtrise dans son sujet ?

J'ai eu l'honneur d'avoir des mentors qui ont énormément augmenté et renforcé ma conviction propre. C'est en partie ce qui m'a donné le courage de persévérer dans mes entreprises commerciales et à écrire ce livre.

Ed Mercer, un milliardaire autodidacte et auteur du livre "The 8th Grade Millionnaire" (il a quitté l'école en classe de 3e de l'école secondaire) m'a dit un jour : «Jeune homme, tu vas être millionnaire». Cela a nourri en moi une énorme confiance personnelle. Et on a déjà longuement discuté de mes croyances sur la réussite.

J'en témoigne ; si vous avez un mentor et vous suivez ses conseils, vous aussi pouvez réussir. C'est ce qui compte ; peu importe à quel point le mentor est brillant ou riche. Vous allez réussir si vous suivez ses conseils, agissez massivement pour progresser et avez une soif profonde pour réaliser vos rêves.

C'est juste une loi ; vous obéissez aux lois de la réussite.

Si vous entendez l'information, mais ne l'appliquez pas, alors cela ne marchera pas. Il est donc crucial d'avoir un mentor que vous écoutez afin d'épargner votre temps et votre argent.

Faire des affaires sans mentor est tel l'exemple d'une personne qui monte sa chaîne de boutiques dans un endroit peu fréquenté. Tout ce que cette personne récoltera sera des boutiques fermées l'une après l'autre ; même si elle avait dû hypothéquer sa maison pour commencer cette chaîne de boutiques. C'est simplement le résultat d'un manque de mentorat et de conseils. Donc, demandez conseil et l'on vous dira. Soyez ouverts à demander.

Si vous demandez, vous recevrez.

Les entrepreneurs musulmans à succès demandent toujours : des conseils, des mentors, de l'aide d'Allah…

Appelez simplement celui qui pourrait vous apprendre ce que vous voulez savoir. Certains sont déjà dans la famille. Ceux-ci peuvent être vos meilleurs mentors, car ils vous connaissent très bien. Si vous avez une telle ressource aussi proche de vous, allez-y. Il vous sera plus aisé de suivre leur exemple et de vous entretenir avec eux grâce à votre proximité. Aussi, leur succès vous semblera plus facile à atteindre.

Un entrepreneur musulman qui a un superbe mentor dans sa famille est M. Salim Siddiqi. Il m'affirma être très fier de son père qui lui servait de mentor et de modèle à suivre. Son père avait quitté l'Inde durant la sécession avec le Pakistan et commença son activité à partir de zéro. Il évolua pour devenir un ingénieur de grande envergure dans son pays.

Il raconte encore ses premiers souvenirs de son père qu'il vit prier la nuit et demander de l'aide à Allah. C'est quelque chose de profond. Aujourd'hui, le fils de ce même ingénieur a réussi haut la main et a une fortune personnelle de plus de 5 000 000 $. La leçon à tirer de ceci est que l'optimisme se transmet d'un individu à un autre. Que se serait-il passé si le père de M. Salim avait abandonné ses ambitions ? La famille aurait appris l'échec.

Laissez-moi vous dire quelque chose que j'ai entendu de mon mentor :

« La réussite est une habitude, l'échec aussi. »

Et c'est l'une des raisons pour lesquelles on dissuade de parler de ses péchés en Islam. Les gens seraient informés de ces péchés et pourraient être à leur tour tentés de les répéter. Par contre, s'ils ne sont pas au courant de ces péchés, ils seraient moins tentés de les commettre.

De la même façon, si dans votre entreprise, tout ce que vous savez c'est la réussite, le succès sera naturel. Et c'est ce que vous voulez ; que la réussite soit un état d'esprit naturel. Devenir riche ne sera pas une grosse affaire dans ce cas ; il sera juste question de contribuer et de redonner à la société. Ceci doit être l'état naturel à viser pour atteindre un haut niveau de réussite.

LE REVE DE L'ISLAM

La plus grande cause de l'échec est la désunion ; la désunion des cœurs et des esprits. Unissez-vous donc et restez ensemble en Jama'a. L'injonction de l'union dans le Coran est répétée 2 fois. Allah dit :

« Et cramponnez-vous tous ensemble au Habl (câble) d'Allah, et ne soyez pas divisés. »

-Al Qour'an, Sourah Aal-Imran, Ayah 103

Cela montre la force que nous avons à être unis.

La deuxième cause de l'échec est le semblant de réussite. Le semblant de réussite peut être un bon poste professionnel. Un bon cadre de vie. De la popularité.

Je peux vous affirmer ceci : la popularité, avoir une bonne image publique… ça ne paie pas les factures et ne vous achète pas une voiture. Ça ne vous achète pas une maison non plus. C'est juste de la popularité éphémère.

L'argent paie pour toutes ces choses. Recherchez-le donc. Si vous voulez la vraie réussite, ne suivez pas le semblant de succès. Cherchez le vrai succès dont les règles sont étayées dans ce livre-ci. Evitez les mythes relatifs à la réussite tels : « si vous voulez être riche, vous devez avoir un bon poste dans une compagnie spéciale dans un pays spécial… » Plein de gens ont perdu des existences entières à poursuivre ces mythes.

M. Luqman Ali voit au-delà de ces mythes. Il est le fondateur de Khayyal Theatre, et est un producteur de théâtre d'une grande qualité et un visionnaire créatif. L'un des sujets que nous avons abordés durant son interview est le rêve américain.

Voyez-vous, c'est une de ces choses que nous appelons la force douce. Certains pays l'utilisent mieux que d'autres. Les Etats-Unis sont les plus connus pour l'usage de cette force douce ; à travers le cinéma, la culture populaire, la musique… la force douce de l'Amérique repose sur des histoires. Des histoires qui racontent la vie des gens en haillons devenus riches. C'est le concept à la base du rêve américain.

D'après M. Ali, il est très rare de voir un état musulman qui tient à son centre un discours qui parle de rêve. C'est pour cela que ces deux mots « Rêve Américain » sont très puissants. Au fil du temps, cela s'est développé en une grande attraction.

M. Ali fait un exercice avec des jeunes musulmans à qui il demande : « Qui connaît le rêve de l'Islam ? »
La plupart d'entre eux n'eurent aucune idée de réponse. Ils proposèrent des réponses aussi variées les unes que les autres ; mais aucun concept précis.

Mais si vous demandez à ces mêmes jeunes gens ce qu'est le rêve américain, ils vous donneront tous les mêmes réponses avec les mêmes références culturelles. Il demande comment sil e peut que l'Islam soit si important pour vous et il ne contient pas de rêve qui vous soit destiné. Vous ne comprenez pas le sens de ce rêve leur dit-il. Et il finit par leur apprendre le rêve de l'Islam.

Nous voulons allumer la flamme de ce rêve. Selon vous, quel est le rêve de l'Islam ? Prenez 5 minutes pour y réfléchir, cela vous aidera dans votre voyage d'entrepreneur musulman.

PARTAGEZ LES DIVIDENDES

Maintenant que vous avez installé votre entreprise, cherchez à rester avec le groupe. Vous y arriverez en définissant une vision commune. De cette façon, vous irez tous dans une même direction et ainsi éviterez de vous diviser.

Une fois cette vision commune définie, cherchez à agir ensemble, dans tout ce que vous faites. Restez en équipe, même si vous ne parvenez pas à un consensus entre vous sur un point particulier. Continuez à bouger et procédez avec la décision du groupe.

Souvenez-vous, vous êtes juste une personne et le groupe est plus fort. Même si la décision initiale vous semble erronée, elle pourrait finir plus tard par devenir la bonne. Cependant si vous y allez seul, il n'y aura personne d'autre pour vous donner son point de vue. Vous pourriez donc finir par être absorbé par la concurrence.

Pour M. Shahid Tata du Groupe Tata, maintenir la famille unie l'emmena à sortir des sentiers battus. Ses usines de textile fonctionnaient avec des machines russes obsolètes et les gens pensaient que la survie de la société était menacée. Il fit adhérer tout le management de la compagnie à sa vision de sorte qu'au bout de 10 ans, l'entreprise était devenue rentable et complètement modernisée. Ceci révèle le pouvoir d'une solide vision ; elle défie même la « chance ».

Maintenant, la troisième chose à savoir est que tout le monde a une bonne idée. C'est une des leçons qu'on apprend de l'Imam Ashraf : tout le monde peut avoir une idée, et même une bonne idée.

Vous devez avoir rencontré des gens qui donnent toujours de bonnes idées sans les réaliser. Cela doit être très frustrant pour ces personnes. Comment éviter cela ? Allez-y avec le groupe. Ne soyez pas trop « protecteur » de vos idées. Apprenez à les partager.

Un exemple que l'Imam Ashraf m'a donné des « entrepreneurs à idées » est celui du monsieur qui vint le voir pour une proposition d'affaires. Il invita l'Imam à investir dans l'affaire. Il faut souligner que l'Imam Ashraf est devenu très prospère ; il avait une expérience du marché boursier et sa société NTG Clarity Inc. est publique et cotée en bourse.

Il se voit demander par un novice sans aucune expérience, sans aucun portefeuille de clients, de donner à la fois son temps, son investissement et son énergie.

Et en retour, le monsieur lui offrait 5 % de son entreprise. Cette offre n'était certainement pas attractive pour l'Imam ! Malgré cela, l'homme insista que son idée était géniale et qu'elle méritait d'être appuyée financièrement.

La réponse de l'Imam est que « tout le monde a une bonne idée ».

La leçon à tirer de cet exemple est de ne pas être irréaliste avec ce que vous attendez de vos investisseurs. Travaillez à atteindre vos rêves de manière réaliste. Comment ? Lancez-vous en affaires avec des personnes expérimentées et offrez-leur une incitation réelle ; en échange vous recevez d'eux les conseils et l'aide dont vous avez besoin.

Souvenez-vous : il vaut mieux posséder 1 % d'une société valorisée à 100 000 000 $ que de posséder 100 % d'une entreprise en dette. Soyez donc ouvert à partager.

LES MUSULMANS MONTRENT LEUR SERIEUX

Enseignez le succès ! Si vous avez un frère musulman, conseillez-le en bien par exemple à commencer sa propre entreprise.

Selon M. Mujeeb Ur Rahman :

« Chaque musulman doit se lancer en affaires. »

- Mujeeb ur Rahman, Cofondateur de Redco, Doha

Ça, c'est encourageant ! Par exemple, chaque année un certain nombre de gens lui disent qu'ils ne peuvent pas se payer les cours du Bayyinah Dream Program qu'il offre. Il leur répond toujours qu'ils peuvent participer aux cours et de payer une fois qu'ils en auront les moyens. C'est extraordinaire ; pourtant 99 % de ces élèves finissent par payer les frais qu'ils ne pouvaient pas payer au début.

Ceci est dû au fait que Oustaz Nouman Ali croit que l'humain est, de manière intrinsèque, bien. Il s'attend à avoir du bien et reçoit ce bien de leur part. C'est le processus de recevoir ce que l'on s'attend à recevoir.

Il évite la suspicion, même dans le business qui lui rapporte la majeure partie de ses revenus.

Il dit :

« Donnez-moi ce que vous pouvez. »

- Nouman Ali Khan, PDG Bayyinah

… et les gens finissent par payer intégralement.

Cela pourrait aussi fonctionner dans votre entreprise. Quand vous avez des clients fidèles, faites leur confiance et offrez-leur des produits et services dont ils peuvent grandement bénéficier. Voyez au-delà de l'argent qu'ils vous rapportent.

Valorisez-les comme le fait Oustaz Nouman. Les portes du succès vous seront ainsi grandement ouvertes. Evidemment, il est très astucieux dans ses relations d'affaires. L'entrepreneur musulman ne doit pas se permettre de tomber dans le même piège deux fois. Si quelque chose ne marche pas ou bien quelqu'un agit négativement dans son organisation, il intervient rapidement pour mettre fin à cette négativité.

3

UNE RICHESSE GENERATIONELLE

VOUS NE POUVEZ PAS HERITER D'UN BOULOT

Maintenant que vous avez lancé votre business, pourquoi en faire une entreprise générationnelle ?

Pourquoi passer la richesse à vos enfants et aux enfants de vos enfants ? Voyez-vous, généralement on nous dit que l'argent se gagne juste à un seul niveau, c'est à dire au nôtre. Vous y avez investi votre temps, avez acquis de l'argent, vous le dépensez ensuite. Cependant, personne ne peut hériter de votre activité et de ses résultats.

Disons que vous ayez un boulot ; c'est la manière la plus courante de gagner sa vie de nos jours. Cependant, personne ne peut hériter d'un boulot. Je n'ai jamais entendu un employé dire que mon père a eu ce boulot, et à présent, je le remplace. Les choses ne fonctionnent pas ainsi.

Les descendants devront toujours commencer chaque fois à partir de zéro. Et ils perdent du temps de cette manière.

La meilleure manière de bâtir une richesse durable est à travers les générations. Ce fut l'une des principales causes de la démission de Dr Zahoor Qureshi malgré son poste bien rémunéré, à Londres pour lancer son business de matériaux de bricolage.

En dehors de la passation du business proprement dit, la deuxième manière de faire perdurer la richesse à travers les générations est d'enseigner les principes du succès. J'ai vu des grands-parents enseigner à leurs petits-fils les règles de la réussite. Dr Yaqub Mirza a appris à diriger son activité de cette façon. Il a retenu de son père l'art de négocier et de clore une transaction. Ces techniques pratiques s'apprennent et s'enseignent au sein de familles d'affaires avant tout dans le monde musulman.

M. Shahid Tata apprit de la même manière, de même que plusieurs entrepreneurs interviewés. Laissez un héritage ; donnez ce livre à vos enfants. Lisez-le en famille. Faites-le circuler. De ce fait, vous n'apprendrez pas le succès à vous seul. Autrement, la richesse pourrait vous venir rapidement. Elle pourrait aussi vous quitter encore plus rapidement. Passez les connaissances à votre descendance, faites-en une tradition familiale.

Souvenez-vous : il y a une différence subtile entre la richesse et la prospérité. « Riche » peut faire référence à un millionnaire. Cependant, c'est une condition souvent temporaire. Juste pour un temps défini. Mais qu'en est-il de la prospérité ? La prospérité est générationnelle.

La prospérité, c'est quand vous n'avez pas à travailler pour assurer votre survie. Quand il n'est plus question d'argent, vous pouvez dès lors vous consacrer à des choses plus importantes.

Cela est possible pour les gens qui ont de grandes ambitions pour eux-mêmes et pour leurs familles. Apprenez à devenir prospère. Encore une fois, être prospère c'est un état d'esprit.

On parle tout le temps de familles d'affaires. Leur histoire se résume souvent ainsi : « Des grands-parents qui étaient commerçants. Ils avaient légué leur argent et leurs compétences, et ont su les garder au sein de la famille. » La vraie prospérité a toujours été créée comme cela.

OR, ARGENT, DIAMANT

Le sujet dont je vais parler est un de mes favoris ; il est vraiment crucial ! L'Islam a déjà créé le cadre pour le succès de l'entrepreneur musulman. Par exemple, le Prophète SAW a exhorté à ses compagnons de donner de beaux noms à leurs enfants. C'est fondamental de donner des noms qui renferment un bon sens, qui sont positifs, et qui font aspirer à la grandeur. C'est un des droits élémentaires de tout enfant.

Comment cela impacte-t-il le succès ? Tout au long de votre vie, vous entendrez votre nom plus qu'autre chose. La répétition fait ancrer les choses dans votre subconscient. Si votre nom a un sens positif, naturellement, votre mental se l'appropriera et vous personnifierez cette positivité. C'est l'une des raisons pour lesquelles le nom du Prophète SAW, Mouhammad ou Ahmad qui signifie « le Digne de Louange » est très populaire. Non seulement il a un bon sens, mais c'est aussi le nom d'un excellent exemple à émuler. Les gens l'adoptent tout en espérant que l'enfant qui portera ce nom sera vertueux.

Explorons ce principe en profondeur. Durant mes années d'étude du développement personnel, en Amérique du Nord et en Europe, j'ai rencontré beaucoup de gens extrêmement riches. Pas seulement des musulmans, mais aussi des chrétiens, des juifs, des hindous, etc.

C'est à cette époque que j'ai appris que beaucoup de riches familles juives avaient changé leurs noms. Ils n'ont plus ces noms hébreux auxquels je m'attendais. Plutôt, ils anglicisèrent leurs noms. Des noms tels que Goldman Sachs. Quand je pratiquais encore mes techniques de commercialisation, j'avais un partenaire qui s'appelait Michael Silver qui était d'origine juive.

Vous entendrez aussi le nom de Bob Diamonds, directeur général de la banque Barclays. Gold (Or). Silver (Argent). Diamond (Diamant); ce sont des noms avec une connotation riche. Regardez vous-même, vous serez surpris de voir comment une nation entière a été programmée pour la réussite financière. Cela se voit jusque même dans les noms de famille.

Que vous inspire cette histoire? Elle nous dit, vous et moi, que nous devons savoir qu'Allah est Ar Razzaq (Celui qui pourvoit la subsistance). C'est Lui seul qui donne et qui reprend.

Qu'en est-il des musulmans? Est-ce qu'ils appliquent ces mêmes règles? Oui, absolument. Les Malaisiens appellent leur pays : «La Riche Malaisie». Voyez vous-même le résultat ! La Malaisie se développe de manière extraordinaire et abrite beaucoup d'entrepreneurs musulmans à succès. Les Malaisiens suivent la Sounnah du Prophète SAW en donnant un bon nom, un nom prospère à leur nation. Vous aussi devez avoir une bonne image de votre peuple, de votre famille et de vos enfants.

Même si vous ne donnez pas ce genre de noms, vous pouvez toujours donner à vos enfants des surnoms orientés vers le succès. C'est là, une Sounnah qui vous mènera à la prospérité.

DES EPOUSES SANS SCRUPULES

Le mariage est obligatoire en Islam pour la personne qui en a le désir. Allah encourage l'union conjugale ; c'est un acte qui pèse lourd dans la balance des bonnes actions.

Si je compare personnellement mes résultats d'avant et d'après mariage, je me rends compte que j'ai beaucoup évolué. Vous devenez plus attentif, particulièrement si vous avez la bonne épouse. Une fois que vous avez fait le bon choix, soyez reconnaissant d'avoir épousé la personne idéale !

Pourquoi les entrepreneurs mariés ont-ils une attention plus centrée ? Parce qu'une fois marié, vous aurez probablement des enfants. Cela vous donne un « Pourquoi » ; quelque chose qui motive vos actions et vous donne un objectif tangible à atteindre. Une fois que vous avez des enfants, vous dirigez votre attention dans le long terme, au-delà de vous-même. Que feront ces enfants quand ils seront grands ? Vous considérez aussi les générations qui viendront bien après vous.

C'est pour cela que le Prophète Ibrahima (AS) avait demandé à Allah de lui donner une progéniture qui recommandera le bien et interdira le blâmable. Il demanda de la subsistance pour ces générations futures. Il pria aussi pour qu'on leur accorde beaucoup de richesses. A ce jour, la Mecque n'a jamais connu la famine. Ses habitants tirent constamment des revenus du Hadj. Cette condition persiste dans la cité bien avant sa conquête par le Prophète SAW.

L'histoire des compagnons du Prophète SAW regorge d'exemples qui montrent comment le mariage leur apporta de la richesse. Un de ces récits est celui de Joulaybeeb. Sa famille n'était pas connue et il n'avait pas de clan, ou de tribu pour le soutenir. Et pire encore, il avait des difformités physiques qui n'étaient pas agréables à voir. Joulaybeeb était très vulnérable, car jeune, bossu et de courte taille sans tribu, ni protection. Cependant, il faisait parmi des musulmans les plus valeureux. Le Prophète SAW passait beaucoup de temps avec lui. Il le divertissait et était très gentil avec lui.

Un jour, il lui demanda s'il voulait se marier. La réponse du jeune homme fut : « Oui, mais qui voudra de moi ? » Le Prophète partit trouver une fille d'une grande beauté et lui demanda si elle serait intéressée. Les parents de la fille étaient surpris de voir le Prophète SAW à leur porte et pensèrent qu'il était venu pour demander la main de leur fille pour lui-même.

Et quand ils apprirent que la proposition était pour Joulaybeeb, ils étaient choqués. « Tout le monde sauf lui », se dirent-ils. Cependant la fille craignait Allah de sorte qu'entendant la discussion, elle dit à ses parents que si le Prophète lui avait choisi Joulaybeeb, elle était convaincue que Joulaybeeb serait, en effet, l'homme qui lui conviendrait le plus.

Bien que Joulaybeeb était sans argent et sans protection tribale, elle crut au Prophète (SAW) et consentit au mariage. Une fois le mariage célébré, Joulaybeeb devint extrêmement prospère, un des hommes les plus riches de la ville.

Que vous inspire cette histoire ? Elle nous dit, à vous et à moi, que nous devons savoir qu'Allah est Ar Razzaq. C'est Lui qui donne et qui reprend comme Il lui sied.

Ce récit prouve que le mariage est pour vous, une source de prospérité. Chaque entrepreneur musulman célibataire doit rechercher quelqu'un qui lui est destiné dans le cadre d'un mariage heureux.

Des recherches statistiques ont démontré que les couples mariés ont énormément plus de richesses que les non mariés. Dans certains groupes, les mariés ont 3 fois le patrimoine des non-mariés. Ils ont aussi tendance à vivre plus longtemps. Ceci invite à la réflexion.

PARTENARIATS FAMILIAUX

Pour bâtir votre entreprise, vous devez avant tout trouver un bon partenaire. Qui est le meilleur partenaire ? Cela dépend. Des fois, les partenariats familiaux ne marchent pas surtout s'il y a incompatibilité de caractères. Mais très souvent, les gens qui grandissent ensemble tendent à penser de la même manière et cela peut faire bien fonctionner.

A travers mes interviews, j'ai vu des partenariats familiaux qui ont très bien fonctionné. Un exemple qui me vient à l'esprit est Dr Munir Ahmed, Directeur de Standpharm, un grand fabricant de médicaments génériques. Bien qu'étant docteur de formation, il décida d'aider à l'expansion de l'activité de la famille.

L'histoire commence avec le père qui a lancé son business à partir de zéro. Des entreprises pharmaceutiques cherchaient des distributeurs et il s'y est mis. Plus tard, le père fournissait de la matière première à ces mêmes compagnies, et agissait comme représentant de fabricants étrangers.

Au début des années 90, il eut l'opportunité d'acheter une entreprise dont la licence de fabrication avait été révoquée. Cette entreprise était au bord de la faillite. Après cette acquisition, il redressa la compagnie qu'il venait d'acquérir, sut se créer une bonne réputation et continua à prospérer. De l'histoire de Standpharm, nous pouvons retenir que c'est souvent une bonne idée de lancer son activité en famille.

Les entrepreneurs musulmans tels que les frères Zaghloul et les frères Mirza sont très prospères. Plusieurs entrepreneurs parmi les 40 et plus interviewés, au moins 60 % de ceux-ci, attribuent leur succès à leurs familles. Tantôt, c'est un business sous forme de partenariat. Tantôt, c'est une personne de la famille qui donne des conseils aux autres. Pour ce qui est des frères Zaghloul, ils se donnaient des conseils mutuellement. L'un des frères donnait des conseils sur les offres du marché boursier et sur la manière de rendre une entreprise publique. La conjugaison de leurs efforts a fini par profiter à toute la famille.

Maintenant, pour commencer de pareilles relations et les maintenir, vous devez bien gérer les attentes de chaque parti. Ne faites pas de promesses démesurées. Si l'activité marche bien, faites un partenariat de sorte que chacun aide l'autre et pourra avoir sa part des résultats. Souvenez-vous : rien n'est parfait. Mais vous pouvez toujours fournir vos meilleurs efforts, avec Ihsan. La troisième étape pour former le meilleur partenariat familial est de renforcer les liens entre vos enfants pour de potentiels partenariats futurs. C'est là que le style d'éducation parentale importe.

Demandez-vous : « quelle a été mon éducation ? » Avez-vous été élevé dans un esprit d'harmonie et de coopération avec vos frères et sœurs ? Cela s'inculque dès le bas-âge. Avez-vous ressenti un favoritisme des uns sur les autres ?

Vous êtes-vous déjà senti moins aimé que les autres ? Si oui, vous pouvez empêcher ces pratiques de se perpétuer en restant juste envers vos enfants. Un bon parent est équitable et équilibrera son temps avec chacun des enfants, fille comme garçon, tel que ça a été recommandé par l'Islam.

ETHIQUE DE TRAVAIL

1

LE TRAVAIL, L'ADORATION ET LA FAMILLE

LE PROPHETE ENERGIQUE

Le travail a un haut statut en Islam. Il est béni et constitue la voie d'accès à votre Rizq (subsistance). Le travail est aussi récompensé. En Islam, le culte ne se limite pas aux pratiques obligatoires. Bien que les rites restent les actes les plus importants pour l'adoration, le travail est tout de même considéré comme représentant une partie de l'adoration ; il en est même une partie intégrale. Etre en action et s'activer sont des actes vertueux et font partie de la voie prophétique.

Tous les prophètes ont travaillé dur pour gagner leur vie. Ils ont tous été bergers à un certain moment de leur vie. La sagesse qui découle de cette vie de pasteur est l'apprentissage de la patience et de la bonne manière de diriger un groupe d'individus.

Ces prophètes étaient responsables de leurs troupeaux de moutons. Plus tard dans leur vie, ils furent promus pour diriger de groupes d'individus. Les bergers du passé étaient seuls et avaient l'habitude de travailler dans des conditions difficiles. Ils pouvaient traverser des zones sèches et arides pour trouver des points de pâture.

Un exemple de ces prophètes est Moussa (AS). Quand il arriva à Madian, il y rencontra deux demoiselles. Elles étaient les filles d'un homme vertueux et d'un âge avancé. Il voyait la difficulté dans laquelle elles étaient quand elles cherchaient un abreuvoir pour leur troupeau auprès d'un puits. Moussa leur offrit son aide. Une fois à la maison, une des dames suggéra à son père d'employer Moussa. Elles étaient rassurées par la confiance qu'il inspirait par sa fiabilité et par sa force. Toutes ces deux qualités sont essentielles au travail.

Vous pouvez voir par cet exemple que Moussa (AS) était très compétent avec ses mains. Il avait la capacité de réaliser des choses. En termes d'éthique de travail, il accepta de travailler huit à dix ans simplement pour épouser la fille du vieil homme qui l'avait hébergé. Ceci est vraiment une excellente éthique de travail. Un paresseux ne peut en aucun cas devenir un prophète, car c'est le boulot le plus difficile qui ait jamais existé.

Par conséquent, le travail a un haut statut, c'est une des formes d'adoration et est la voie des prophètes. A côté de la garde de cheptel, ils étaient aussi spécialisés dans d'autres professions : certains étaient charpentiers ; d'autres étaient forgerons, etc. Toutes ces professions sont gardées en haute estime par l'Islam.

DITES-LE-MOI DIRECTEMENT

Avoir la bonne information est primordial. La bonne information constitue votre système de navigation. Il est très dangereux de disposer d'une information fausse quand vous gérez votre business. Prêter l'oreille à la masse est l'une des principales causes d'échec. La masse est rarement la population la plus riche ou la mieux réussie. La masse a rarement raison.

Par exemple, si vous explorez le monde de l'investissement, vous vous rendrez compte qu'un investisseur sérieux n'achètera jamais un investissement juste parce que c'est populaire. Un investisseur averti étudiera plutôt les fondamentaux du business avant d'acheter. C'est aussi simple que cela.

N'écoutez jamais une personne simplement parce qu'elle vous aime. Elle pourrait être bien intentionnée, mais est ce qu'elle est la mieux placée pour vous fournir les informations dans le domaine que vous souhaitez ? M. Khalid Usman, un remarquable entrepreneur et investisseur de Toronto accorde son succès au fait qu'il procède avec la rigueur requise avant tout investissement.

Vous remarquerez que certaines personnes vous donneront des conseils gratuitement. Même avant que vous ne sollicitiez leur opinion. Cependant, sachez qu'un mauvais conseil pourrait vous coûter très très cher. Cela pourrait vous coûter votre business, maison, voiture — tout.

Votre business pourrait faire faillite si vous écoutez les mauvaises personnes. L'un des principes de l'Islam est de «demander à ceux qui savent si l'on ne sait pas». Donc pourquoi demanderiez-vous l'avis de quelqu'un qui n'a jamais tenu un business ou qui n'a jamais connu la réussite? Ne faites pas cela !

Jusque-là, nous avons discuté d'émotion, de croyance et d'attitude. Maintenant, vous savez que vous devez vous mettre au travail, mais vous devez faire l'opération qu'il faut. Cela viendra uniquement de la bonne information.

Si vous voulez devenir millionnaire, milliardaire ou tout ce à quoi vous aspirez comme richesse, prêtez votre oreille à quelqu'un qui a déjà réussi à faire ce que vous voulez accomplir. Etudiez leur manière de parler, de discuter et d'interagir avec les autres personnes. Quelles valeurs incarnent-elles, quelles activités mènent-elles, quelles écoles leurs enfants fréquentent-ils? Demandez conseil.

Un autre moyen de trouver la bonne information est par la lecture de documents et l'utilisation de l'expérience d'autres personnes. Vous n'avez pas besoin de vivre 1 000 ans pour avoir l'expérience qu'il faut. Lisez juste les livres qui traitent de l'histoire des gens qui ont réussi. Cela vous épargnera du temps et vous rendra de fait plus averti.

L'ENTREPRENEUR ET L'EMPLOYE : UNE COMPARAISON

La différence majeure est que l'employé s'attend toujours à recevoir son chèque de paie.

Alors qu'il n'y a pas de garantie de paie pour l'entrepreneur. Au contraire, il gagne sa vie en menant à bien les activités génératrices de revenus.

Si vous avez été à l'école sur une durée quelconque, vous savez déjà que le système éducatif traditionnel vous apprend à être un employé. Vous pouvez gagner votre vie d'une manière décente en procédant ainsi. Mais si vous voulez devenir riche, vraiment riche, et j'assume que c'est pour cette raison que vous lisez ce livre, alors ne choisissez pas de percevoir la fiche de paie. Elevez votre objectif. C'est l'une des caractéristiques de l'Islam : de viser pour le meilleur. Pourquoi pas? Souvenez-vous : le Prophète SAW nous a appris qu'Allah a béni le commerce. Allah nous y exhorte dans le Coran. Le commerce est vertueux et loué en tant que profession; il renferme un grand bien.

Pour un entrepreneur comme vous, il n'y a pas de limite à votre salaire. Vous êtes essentiellement un commerçant. Si vous vendez des maisons, aussi longtemps que des individus naîtront, ils auront besoin de se loger quelque part. C'est un marché qui grandit constamment. Si vous vendez du savon, quand les gens se douchent, ils voudront du savon. Ces dynamiques d'offre et de demande ne finissent jamais. Peu importe votre lieu d'habitation, aussi longtemps qu'il y aura des gens, il y aura une opportunité. Vous n'avez pas besoin d'être dans un pays en particulier. Vous avez juste besoin de gens.

Subvenez aux besoins de ces gens et il n'y aura pas de limite à vos revenus. Aussi longtemps que ces gens existeront, vous ferez des bénéfices. Personne ne vous dira : «vous pouvez uniquement vous faire 20 000 dollars ce mois-ci». Vous pourriez faire des milliards si cela est votre objectif.

Un bon exemple est le cas de sir Anwar Pervez du Royaume-Uni. Il était jadis un conducteur de bus à Bradford ; il ne l'est plus. Il est devenu milliardaire comme directeur de Bestway Group. Quand il était chauffeur de bus, son salaire dépendait du volume horaire travaillé soit soixante, quatre-vingts ou cent heures par semaine. Pas plus que cela. S'il était payé 20 livres sterling par heure, avec un total de 100 heures par semaine, le gain maximal hebdomadaire qu'il pouvait faire était 2 000 livres ; ce qui fera 8 000 livres par mois. Donc même si vous travaillez un nombre fou d'heures supplémentaires, en tant qu'employé, vous serez limité par le temps.

Pour un entrepreneur, il n'y a pas de limites. C'est pour cela qu'il est devenu milliardaire. Il n'a pas travaillé 50 millions d'heures au tarif horaire de 20 livres l'heure pour être milliardaire. Ce qu'il a fait, c'est créer une organisation, une compagnie et laissa l'effet de levier entrer en jeu.

Tous ses partenaires, fournisseurs, employés et directeurs s'enrichirent dans la foulée. Lui-même et sa famille s'enrichirent aussi. Il n'a cependant pas fait d'études postsecondaires. Il était un immigré tout à fait ordinaire originaire du Pakistan. Aujourd'hui, il est tout de même milliardaire. Vous aussi pouvez faire de même en travaillant comme un entrepreneur et non comme un employé. Votre boulot a beau être bon et bien rémunéré, vous demeurez toujours un employé et vous ne pouvez pas vous enrichir ainsi à moins d'user d'autres méthodes tel l'investissement. On en reparlera plus tard.

2

LES ETIQUETTES DE L'ENTREPRENEUR MUSULMAN

SEMEZ MAINTENANT, RECOLTEZ PLUS TARD

Rappelevez vous de l'Ayah du Succès de l'Imam Ashraf :

« Et ceux qui recherchent l'au-delà et fournissent les efforts qui y mènent tout en étant croyants… alors l'effort de ceux-là sera reconnu. »

-Al-Qour'an, Sourah Al Israh, Ayah 19

A travers cet Ayah, Allah nous ordonne de croire d'abord en Lui et de faire le travail par la suite. Vous concevez l'idée, y croyez, puis vous faites l'activité.

Quand nous avions parlé de croyance, on avait dit qu'elle affectait nos résultats. La bonne croyance nous donne le bon état d'esprit et nous permet de voir des opportunités invisibles à d'autres. Une fois que votre corps et votre esprit rentrent en harmonie, travaillez à atteindre vos objectifs. Peut-être que vous commencez à parler aux gens, à faire des ventes, à améliorer votre produit… Vous devez adopter la mentalité du paysan, quelle que soit l'activité que vous faites. Le Coran parle beaucoup du paysan et comment il sème la graine. Allah dit :

« Voyez-vous donc ce que vous labourez ? Est-ce vous qui le cultivez ou en sommes-Nous le cultivateur ? »

-Al-Qour'an, Sourah Al Waqi'ah, Ayah 63-64

Il existe plusieurs ayahs du Coran au sujet du paysan qui cultive sa semence avec l'eau de pluie. Une fois la récolte terminée, certains sont reconnaissants alors que d'autres oublient que c'est Allah qui est la source de tous ces bons résultats.

Avant tout, ils sèment. Ils sèment puis reçoivent la récolte. C'est cela la Loi qu'Allah a établie. Vous devez l'appliquer à votre profit si vous voulez prospérer. Semez d'abord. Récoltez plus tard.

FAIRE DE VOTRE MIEUX N'EST PAS SUFFISANT

Avez-vous remarqué que certaines personnes de votre entourage sont constamment sollicitées ?

On leur rend visite, on leur demande de l'aide, on les sollicite tout le temps.

Comme par coïncidence, beaucoup de ces gens sont très, très prospères. Leur domaine d'activité importe peu. Cela pourrait être quelqu'un qui travaille dans la mosquée comme un Imam, ou un entrepreneur, ou quelqu'un qui aide les gens autour de lui. Comme par chance, vous verrez que tout semble facile pour ces gens.

Le véritable secret de ces personnes est qu'ils donnent beaucoup. Et je vous recommande de voir ce qu'ils font comme activité. Ils donnent et redonnent et apparemment, ce qu'ils donnent leur revient. Multiplié.

Une manière de donner plus est de diriger cent pour cent de votre attention sur ce que vous faites au moment présent. Il se pourrait que vous n'ayez pas un business à plein temps et que vous travailliez toujours pour quelqu'un d'autre. Selon M. Azim Rizvee, si vous travaillez pour quelqu'un d'autre, mettez-y 100 % de vos efforts ; ne faites pas des choses en parallèle durant les heures de travail. Il a commencé à travailler comme employé. Même la nuit, il se rendait au travail pour aider l'équipe en cas de situation d'urgence. Au moment de travailler pour quelqu'un d'autre ou si vous vous engagez volontairement pour la mosquée locale ou assistez des voisins, concentrez-vous sur la tâche. Quelle que soit la tâche, accordez-y toute votre attention. Cette habitude va propulser votre business. Donnez toujours plus de vous-même.

Vous devez vous fixer un standard d'excellence très élevé pour que les autres se mesurent à cela. Par cela, je veux dire qu'en étant entrepreneur, vous devez adopter une éthique de travail tellement ambitieuse que d'autres pourraient émuler. Par exemple, si vos employés vous voient vous relâcher, alors ils vont faire ce que vous le patron faites. Souvenez-vous : vous êtes le leader.

Il existe en Islam une attitude connue sous le nom d'Ihsan ; c'est-à-dire la pratique de l'excellence. Le Prophète SAW dit qu'Allah aime ce qui est bien fait, ce qui est fait avec Ihsan.

Même si vous égorgez un animal pour l'Aïd (fête qui suit le Ramadan ou le pèlerinage) ou pour le Aqiqah (sacrifice rituel islamique pour un bébé), faites-le bien en aiguisant le couteau afin de ne pas faire souffrir l'animal. Ce principe s'applique à tout ce que vous faites.

Agir avec Ihsan veut dire faire un travail de haute qualité. Et la qualité représente la garantie dans le marché. A votre avis, pourquoi certains individus préfèrent-ils une BMW à une Kia ou Hyundai ? Parce qu'ils savent que la BMW est bien faite. Ils savent que l'entreprise a consenti beaucoup d'efforts pour fabriquer ce produit et le prix reflète cela. Pourquoi certaines personnes dépensent-elles des milliers de dollars sur une robe de mariage ? Parce qu'ils savent que c'est bien cousu. Pour confectionner la robe, cela a requis : un travail acharné, de l'art, de la conception et de la technique. Et le tout se reflète sur l'étiquette de prix. Quand vous faites du bon travail, cela se remarquera et les gens achèteront. Donc, faites toute chose de la manière la plus excellente. Cela fera que les gens rechercheront ce que vous produisez.

Ne faites pas juste de votre mieux. En tant qu'entrepreneur, faire de votre mieux ne suffit pas. Faire de votre mieux peut ne pas vous mener où vous voulez. Quand on y pense des fois, on trouve des gens comme Dr Yaqub Mirza qui est en compétition avec plein d'autres investisseurs.

Ces derniers représentent de grandes boîtes qui figurent sur la liste Fortune 500 (les 500 compagnies les plus importantes des Etats-Unis) et des fonds communs de placement (Mutual Funds) qui investissent les capitaux d'autres personnes. Malgré cela, il s'est fait un renom en tant que leader en Amérique du Nord et même au-delà. Ses investissements sont halal (autorisés du point de vue islamique) et comportent une grande conscience éthique et morale.

Il en a fait une règle d'investir uniquement dans des entreprises bénéfiques à la société, celles qui produisent des biens qui améliorent la vie des hommes. Pour être performant, Dr Mirza doit prendre en considération la concurrence. Il offre donc un service fiable de haute qualité. Et l'une des choses les plus importantes que j'ai remarquées est qu'il est orienté vers les résultats. Quand j'ai regardé la performance de ses investissements sur les fonds communs de placement, elle tournait autour de 13 % par année. C'est un chiffre vraiment très élevé vu la crise financière de cette période. Malgré cela, il continua à se développer et les investisseurs qu'il représentait continuèrent de s'enrichir.

Donc quoi que vous fassiez comme activité, si vous ne voyez pas de résultats, dites-vous : « Je ne dois pas juste faire de mon mieux ». Car donner le meilleur pourrait ne pas être suffisant. Ce que vous devez faire c'est de donner ce qui est nécessaire ; le nécessaire pour atteindre le résultat. Disons que vous aimeriez vendre un produit. Vous m'entendez beaucoup parler de vente, car je suis personnellement engagé dans cette activité. Presque tout entrepreneur vend un produit à un certain point. C'est ce que font les sociétés privées.

Quand j'ai commencé à vendre, je tapais à 100 portes par jour. La présentation commerciale prenait peu de temps. Il fallait vendre un petit produit. Ce fut ma première expérience dans la vente directe, cependant, faire 100 maisons par jour ne suffisait pas. Ce qui était nécessaire était de faire plus de 200 maisons par jour. Quand je me suis fixé ce nouvel objectif, j'ai commencé à dépasser tous mes concurrents et tous les agents commerciaux de la compagnie.

Mes performances étaient extraordinaires et cela a surpris tout le monde. Vous aussi pouvez vraiment augmenter vos chiffres et les résultats suivront. Travaillez plus que vos compétiteurs pour voir les résultats surtout tout au début.

LE POUVOIR DE LA CLOTURE

La force de la clôture repose sur le fait de terminer tout projet entamé. Vous pouvez faire un suivi journalier avec votre équipe ou même votre épouse. Récapitulez ce que vous faites à présent tout en songeant au futur. Si vous avez suivi les chapitres précédents, maintenant que vous avez un plan d'action, vous avez fixé vos objectifs, vous avez de l'énergie, vous avez formé un partenariat qui marche, vous avez lancé votre activité, vous pouvez vous attendre à avoir quelques résultats. Et pour avoir encore bien plus de résultats, vous devez user du pouvoir de la clôture.

Qu'est-ce la clôture ? Le pouvoir de la clôture est le fait de terminer ce que vous entamez. Si vous avez entamé un cours, terminez-le. Même si l'instruction n'est pas une obligation pour la réussite, car plusieurs entrepreneurs ne terminent pas leur cycle secondaire ; néanmoins quand ils entament un projet qui leur est propre, ils le mènent jusqu'au bout, car ça les passionne. N'abandonnez pas un projet en cours juste parce qu'elle s'avère trop difficile. Tenez-vous-en jusqu'à ce que vous l'ayez complété. Une fois que vous avez en vous cette habitude de finir ce que vous entamez, vous pouvez atteindre n'importe quel objectif. Tout ce que vous devez faire c'est de terminer vos petits projets afin d'en arriver aux plus importants. Ayez constamment un regard tourné vers le futur, apprenez de vos erreurs du passé et ajustez le cours de vos actions.

Une application exemplaire de ce principe est le cas de M. Shahzad Asghar directeur de Style Textile. Il finit toujours ce qu'il entreprend et pratique l'excellence (Ihsan) sur tout ce qu'il exécute. Il fournit aux équipementiers de sport tels Nike le matériel nécessaire à leur industrie.

Sa stratégie est de livrer à temps ; il le fait avec un taux de réussite de plus de 98 %.
Il s'en tient à ce standard de qualité et respecte ses engagements de livraison. Il est de ce fait toujours au-devant de la concurrence.

Ce concept de clôture est aussi appliqué par M. Farouk Sheikh. Un jour, je discutais avec lui au sortir d'une présentation sur l'entrepreneuriat musulman. Un jeune musulman d'origine française se joignit à notre discussion. Il était très enthousiaste et avait plusieurs projets en cours.

Après avoir écouté toutes ses propositions, M. Farouk lui dit : «si tu veux réussir, limite-toi à un projet; concentre-toi dessus jusqu'à le réussir. Cela montre combien l'entrepreneur musulman est perspicace. Il tient un objectif et s'y consacre. Il atteindra le succès ainsi. Il finit tous les projets qu'il entame. Et si cela ne lui réussit pas, il laisse tomber et passe à autre chose.

LA JOURNEE DE TRAVAIL DE 15 HEURES

Si vous désirez avoir une grande éthique de travail, élevez vos ambitions et objectifs. Un signe d'un désir personnel faible est le fait de faire des vœux pieux ou de passer la journée à dormir. Cela peut nous arriver à tous. Une personne qui a un faible désir rêve toujours, mais ne fait jamais le nécessaire pour changer sa vision en réalité.

Cela montre que l'ambition n'y est pas. L'objectif reste un rêve.

Pensez à un enfant qui veut une bicyclette comme cadeau. Ses parents lui disent «Non, tu n'es pas prêt pour ça ». L'enfant va insister et il va y penser toute la journée. Toutes les fois qu'il sort, il remarque les autres enfants qui en ont. Cela lui fera penser : «Je ne peux pas avoir une bicyclette. Comment dois-je faire pour en avoir ?» C'est un désir réel. Ce n'est pas un désir corrompu. Il a juste le désir d'avoir cette bicyclette. C'est son rêve !

Eventuellement, l'enfant insistera auprès de son père même si plusieurs mois passent. Il continuera à se demander ce qu'il faudrait faire pour avoir cette bicyclette. Et si le père lui promet la bicyclette en échange de bonnes notes à l'école, que pensez-vous que l'enfant va vraisemblablement faire ?

Bien travailler ! Il pourrait aller se coucher à 1 heure du matin pour étudier même s'il n'aime pas le faire. Eventuellement, il finit par avoir les bonnes notes et la nouvelle bicyclette. Son désir lui a permis de réaliser son rêve.

Pour avoir cette éthique de travail exemplaire et afin de ne pas perdre votre énergie, gardez donc un niveau de désir élevé. Fixez-vous des objectifs ambitieux et cherchez à vous entourer de personnes énergiques et positives. Entourez-vous de gens positifs et d'entrepreneurs qui sont toujours prêts à réaliser des choses.

Au début, vous aurez probablement à travailler de longues heures. C'est ce que j'ai appris du directeur de REDCO à Doha, M. Mujeeb Ur Rahman. Il dirige une grande entreprise de construction au Moyen-Orient et au Pakistan. Son éthique de travail est extraordinaire. Le conseil qu'il donne aux gens est de travailler 15 heures par jour. Tout comme cet enfant qui pense toujours à sa bicyclette 15 heures par jour, vous devez songer et réfléchir durant de longues heures pour trouver une manière de prospérer. Vous atteindrez vos objectifs tellement plus vite.

FONCEZ COMME UN RHINOCEROS

Cette métaphore est l'une de mes comparaisons préférées ; imaginez l'entrepreneur plein d'énergie comme un rhinocéros.

Allah a créé tous ces animaux, toutes ces créatures comme exemples. Dans le Coran, Allah loue ceux :

« Qui, debout, assis, couchés sur leurs côtés, invoquent Allah et méditent sur la création des cieux et de la terre… »

- Al-Qour'an, Sourah Aal-Imran, Ayah 191

L'un des avantages de la création d'Allah se trouve sur cette méditation.

Observez le rhinocéros ; il charge toujours malgré les obstacles. Le rhinocéros est enthousiaste, extraverti et énergique. C'est comme ça que vous devez être en tant qu'entrepreneur. Si vous voulez avoir un financement et manquez d'enthousiasme, les potentiels investisseurs ne voudront pas s'impliquer. Développez donc cet enthousiasme et cette énergie de rhinocéros et vous verrez l'impact sur votre business.

Un exemple d'entrepreneur très énergique est Com Mirza. Il est toujours débordant d'énergie. Des fois, il communique sur les médias sociaux. D'ailleurs, je vous recommande vivement d'utiliser les médias sociaux pour bâtir votre présence en ligne. Com Mirza y bâtit une partie de son business et fait toujours de longues publications ; cela permet à tout le monde de suivre ses aventures entrepreneuriales. Comme entrepreneur en série, il acquit son premier succès avec un logiciel de vente de voitures qu'il a élargi à plusieurs autres secteurs.

Il a tellement d'énergie que c'est contagieux et excitant. C'est quelque chose qui se déteint sur vous. J'ai remarqué ce trait avec les entrepreneurs musulmans à succès. Ils ont tendance à beaucoup agir.

Il en est de même pour Mme Oumou Ndiaye. Elle est à la tête d'une société qui conçoit des logiciels pour la douane. Bien qu'étant mère de famille, elle a beaucoup d'énergie et je peux vous dire que c'est contagieux. Se conformer aux délais fixés peut être stressant pour l'équipe et vous devez leur donner cette poussée d'énergie.

Je ne me souviens pas d'un seul propriétaire de business sérieux qui ne soit pas énergique et passionné. Vous ne trouverez pas en leur sein une personne négative qui suce l'énergie autour d'elle. L'une des vertus de l'enthousiasme est d'être le genre d'individu qui donne de la vie. Ces individus le font d'une telle manière que juste avec leur présence, les gens se sentent mieux pour eux-mêmes et pour leur business. Vous devez chercher à devenir ce genre de personne et développer cet état d'esprit.

3

SOYEZ EFFICIENT

LE SUCCES DANS LE PIPELINE

Certaines personnes se disent : «Je veux lancer ma propre activité, mais je me fais du souci, car ne pouvant pas équilibrer ma vie personnelle avec mon boulot. Je n'aimerais pas avoir à travailler tout le temps. »

Il y a un temps donné pour chaque chose. L'Islam nous enseigne la discipline. Par exemple, quand l'heure de la prière arrive, nous sommes tenus d'abandonner le commerce.

Un jour le Prophète SAW faisait son sermon du vendredi tandis que certains des compagnons s'activaient à marchander avec les caravanes. Cela n'est pas permis.

Quand l'adhan (appel de la prière) est fait, les musulmans laissent tout pour aller prier. La sourate Joum'ah a été révélée en cette occasion. Donc il y a un temps pour tout.

De la même manière, la famille a son droit sur vous, que vous soyez employé ou employeur. Il n'est pas seulement question d'apporter de l'argent ou des biens matériels. Les gens ont besoin de votre présence pour se développer. Si vous ne trouvez pas ce temps, l'affection que vous avez entre vous pourrait être affectée.

Pour être vraiment prospère, il faut commencer par mettre les heures nécessaires pour réussir, surtout au tout début. Votre réussite viendra ensuite et surtout de la structure de votre business. Cette structure de votre business peut vous donner une grande liberté de temps. Je ne recommande pas de démarrer un petit restaurant par exemple. Vous avez beau être le meilleur cuisinier qui ait jamais existé, si vous travaillez seul, préparez et servez par vous-même, vous perdrez beaucoup de temps. Une pareille structure d'entreprise ne vous permet pas d'avoir une vie de famille et professionnelle équilibrée.

Si vous voulez commencer un restaurant tout en gardant votre liberté, vous pouvez asseoir un système de franchise. Cela vous permet de payer un pourcentage de votre chiffre d'affaires aux propriétaires de la marque pour pouvoir utiliser leurs systèmes qui performent déjà. C'est ce que McDonalds a fait. Dans le milieu des entrepreneurs musulmans, M. Tariq Farid a utilisé ce genre de système. Il est le PDG du groupe Edible Arrangements, une compagnie qui vend des fruits trempés dans du chocolat. Ces fruits sont arrangés sous la forme de magnifiques bouquets de fleurs.

J'ai interviewé l'un de ses franchisés. Le business de M. Farid a véritablement connu une croissance rapide quand il utilisa le système de franchise et il fait à présent plus d'un demi-milliard de dollars de vente annuelle. C'est une somme formidable. Assurez-vous donc d'avoir une structure correcte, de cette manière, vous n'aurez pas à faire tout le travail en solo.

Disons que vous voudriez approvisionner le village du coin en eau. Il y a deux manières de faire la tâche si la source d'eau est placée en hauteur par rapport au village. La première est de se munir de beaucoup de seaux d'eau et de les transporter à la main petit à petit. C'est une manière ardue de faire les choses ; comme dans un petit business.

La manière la plus intelligente d'accomplir cette tâche serait de bâtir un pipeline qui transportera l'eau pour votre compte. De cette sorte, vous n'aurez pas à travailler toutes ces heures interminables. Bien entendu, tout au début, vous devez bâtir le pipeline. C'est tout le travail qu'il y a à faire. Après cela, vous pouvez vous relaxer.

La structure de votre business va véritablement vous donner la liberté de temps pour que vous puissiez vous focaliser sur d'autres choses importantes de la vie. Etudiez la structure et les résultats vont suivre.

NE PERDEZ PAS MON TEMPS !

Gérez votre temps de façon intelligente. Une des sourates les plus courtes du Coran dit :

« Par le Temps ! L'homme est certes, en perdition, sauf ceux qui croient et accomplissent les bonnes œuvres, s'enjoignent mutuellement la vérité et s'enjoignent mutuellement le Sabr (l'endurance) »

-Al-Qour'an, Sourah Al-Asr

Vous ne devez pas perdre votre temps sur ce qui n'est pas important. Il ne s'agit pas juste de travailler, mais de travailler avec la bonne intention et la bonne raison à l'esprit. C'est pour cela que nous avons autant parlé de l'intention au tout début du livre.

Si vous avez la bonne intention et faites le travail pour la bonne raison, le travail sera une forme d'adoration pour vous.

Les gens qui perdent du temps sont engagés dans l'amusement et le désir. Ils sont impliqués dans des discussions vaines. Le Coran critique ces comportements. Gardez à l'esprit que même au paradis, il n'y aura ni calomnie ni discours vain entre les habitants. Dans le Jannah, Allah SWT va uniquement permettre les discussions bénéfiques de prendre place.

Evitez de perdre du temps dans les médias sociaux par exemple. Il n'y a rien de mal à avoir une vie sociale. Mais si vous vous trouvez englouti par ces choses, regardez juste autour de vous et voyez si les gens prospères passent leur temps dans les médias sociaux. Si vous vouliez avoir des résultats différents, faites ce que les entrepreneurs musulmans à succès font. Gérez votre temps de façon efficiente. Devenez possessif quand il s'agit de votre temps et voyez combien vous prospérerez.

Pendant que vous accomplissez tout ce travail de qualité, vous pourriez songer à balancer votre temps personnel et votre temps de travail. Comment allez-vous trouver le temps ? Souvenez-vous : tout dépend de la gestion de temps. Il faut éviter de travailler uniquement pour occuper les heures.

Occuper les heures pour un commerçant pourrait être de prendre soin de votre tenue, de répéter votre présentation commerciale 100 fois... cela va vous permettre de pratiquer. Mais qu'est-ce qui vous donnera encore plus d'entraînement ? Est-ce répéter votre présentation en face d'un miroir ou bien sortir de votre confort et donner une présentation à un client réel ?
Un client réel, en cher et en os ! Il est tout à fait possible que vous échouiez, mais au moins vous auriez parlé à un client réel.

C'est ce qu'il vous faut faire. Allez sur le terrain et pratiquez, pratiquez, pratiquez. Comme le dit l'adage :

« L'exercice ne rend pas parfait. Mais l'exercice rend meilleur. »

Une des leçons clés que j'ai apprises en écoutant les entrepreneurs musulmans à succès est qu'ils réservent du temps pour l'au-delà aussi. Certains prient la nuit bien que ça ne soit pas aisé d'en faire une habitude. Mais tout ce que je sais est que cette pratique est primordiale si vous voulez qu'Allah vous rende les choses favorables que ce soit dans votre business ou dans l'au-delà. Priez la nuit et demandez. L'entrepreneur musulman est celui qui prie la nuit et demande de l'aide d'Allah.

Arif Mirza qu'on avait mentionné auparavant m'a confié cela. C'est un secret énorme qu'il a partagé avec nous. Il demande des fois tellement de choses que les gens lui posent cette question : « Pourquoi demandes-tu autant Arif ? » Sa réponse est : « Allah est tellement Grand, qu'est-ce quelques millions pour Lui ? Que représente pour Lui ce que je suis en train de demander ? » Voilà la mentalité abondante. Allah peut tout faire donc pourquoi ne pas demander ?

Gérez votre temps avec sagesse, durant le jour et durant la nuit et voyez comment votre business va grandir, votre spiritualité va grandir — tout ce que vous faites va connaître une croissance.

DECOLLAGE !

Ils disent que l'argent est attiré par la vitesse. Si vous voulez commencer votre business, sachez qu'une composante cruciale du succès est la vitesse. Vous voulez réaliser un profit avant de vous effondrer pour ainsi dire. Si vous atteignez la profitabilité à un stage de début, vous avez une plus grande chance de survivre dans le long terme.

Quand vous commencez votre business, ne vous contentez pas de dire : « Je vais essayer pour voir comment cela va finir. »

Vous devez avoir un plus haut niveau d'engagement que cela et mettre beaucoup d'énergie tout au début. Dans le marketing de réseau, la première semaine est vraiment la semaine la plus importante, même si le business doit survivre 10 ans, 30 ans ou 400 ans. C'est parce que la première semaine bâtit la foi, crée de l'élan et beaucoup d'énergie autour d'elle.

La même chose est valable si vous commencez un restaurant. La première semaine, vous devez inviter tous vos amis et tous les gens de votre quartier. Beaucoup de gens doivent être présents durant votre lancement. Vous devez aussi être préparés et augmenter à la fois votre foi et votre ferveur ; et il y a des manières de faire cela. Une fois que vous aurez acquis les clients, il y a beaucoup de techniques de marketing que vous pouvez implémenter pour retenir les clients. Etudiez ces techniques pour pouvoir effectuer un lancement correct.

Mettez la majorité de votre énergie, 80 % de cela dans votre lancement. Un de mes mentors me dit que c'est comme pour aller sur la lune. Si vous voulez décoller, vous devez mettre 80 % de l'énergie tout au début, de sorte que vous ayez suffisamment de vélocité pour sortir de la stratosphère pour ainsi dire.

Vous le verrez partout dans le monde de l'investissement. Quand une compagnie est lancée dans la bourse des valeurs, il y a beaucoup d'excitation qui se forme pendant la période d'offre initiale. Beaucoup d'articles sont écrits ; il y a beaucoup de presses. Tout cela est fait pour s'assurer que la compagnie reçoive le plus de financements possible et le plus d'attention.

Vous devez faire de même à une échelle plus basse. Lancez le business proprement. Ne vous contentez pas d'annoncer ce que vous faites ; promouvez-le.

L'ARGENT AIME LA RAPIDITE

Une autre clé d'une bonne éthique de travail est le sens d'urgence. Réalisez que vous n'avez pas 100 années pour devenir riche. Si vous aviez autant de temps, vous pourriez juste être un employé, économiser l'argent, l'investir… vous pourriez faire marcher les choses à moitié par ci et par là. Un entrepreneur par contre agit rapidement dès qu'il perçoit une opportunité.

On a parlé de comment lancer correctement son entreprise. Vous devez bâtir votre business rapidement. Dans la majorité des business, c'est le cas. Vous avez perdu de l'argent ? Rattrapez cette somme rapidement. Comme le dit Com Mirza : «vous devez penser à toutes les personnes que vous devez aider une fois que vous deviendrez très riches. Ils ont besoin rapidement d'aide n'est-ce pas ? »

Un des traits de caractère des entrepreneurs à succès que j'ai rencontrés est qu'ils prennent des décisions rapidement. Ils n'ont pas tendance à revenir sur leurs décisions. Ils font confiance à leurs instincts et se lancent. Vous de même, devez développer ce trait. Ayez un sens d'urgence ; prenez des décisions rapidement et allez de l'avant. Ne soyez pas quelqu'un qui est toujours en train de planifier et qui est coincé avec un business plan.

Bien entendu, ayez un business plan et un plan d'action pour votre entreprise, mais prenez toujours de l'action rapidement. Cela est presque aussi important que le plan ; mettez l'exécution en place et obtenez des résultats de sorte que vous ayez des chiffres à montrer.

Vous verrez que dans le milieu de la finance, beaucoup d'investisseurs veulent des chiffres. Donc si vous ne montrez aucun chiffre dans votre projet, il sera difficile pour un investisseur sérieux de faire quoi que ce soit.

C'est parce que vous avez juste de la spéculation et n'avez aucune base solide pour prouver quoi que ce soit. Obtenez un résultat d'une manière ou d'une autre même si c'est un petit résultat de sorte que vous ayez une bonne impression de l'état du marché. Procédez ensuite et adoptez toujours un rythme à la fois rapide et soutenu.

J'entends souvent les gens dire «je veux être quelqu'un, j'ai toujours su que j'allais être quelqu'un, je veux juste devenir une personne importante.»
Si c'est le cas, alors faites cela ! Si vous voulez être un entrepreneur, faites-le. Si vous voulez quitter votre emploi et travailler pour votre compte, faites-le ! Si vous voulez devenir prospère, faites-le ! Agissez sur vos intentions. Les résultats viennent d'Allah. Donc, agissez vite, avec énergie et conviction. Contentez-vous de faire les actions requises et vous verrez les résultats.

LE DIAGNOSTIC DE 15-MINUTES

Vous devez apprendre à travailler de manière efficace Dr Amina Coxon est un docteur d'origine britannique qui a reçu son éducation à John Hopkins ; un des meilleurs hôpitaux des Etats-Unis. Elle est née chrétienne, mais a toujours été curieuse.

Elle devint insatisfaite de cette foi. A l'âge de 50 ans, elle vit en songe une lumière qui la mena vers la Kaaba. C'est ainsi qu'elle découvrit l'Islam, il y a de cela 23 ans. Je vous raconte cette histoire afin que vous ayez une appréciation de sa personnalité.

Un patient se présenta à elle avec un cas complexe dont le diagnostic et le traitement allaient prendre à tout docteur ordinaire au moins 1 heure de temps. Elle fit les deux en 15 minutes.

Son technicien radiologue était stupéfié par la rapidité du diagnostic et lui demanda si elle avait besoin de revoir le patient. Quand elle répondit par la négative, il était complètement bouleversé et fasciné par l'efficience du docteur Coxon. Elle acquit cette efficience grâce à sa maîtrise parfaite de ce sujet. Et partant de cette maîtrise, elle est en mesure de prendre des décisions efficaces très rapidement.

Elle me confia son secret :

« J'ai appris mon sujet minutieusement. Même si je n'ai pas vu un cas pareil en 20 ans, je l'ai étudié en profondeur. Donc apprendre comment apprendre est très important. »

-Dr Amina Coxon, docteur à Harley St.

Souvenez-vous de cela, surtout si vous aspirez à devenir entrepreneurs dans l'industrie du savoir. Apprenez comment apprendre. Ensuite, concentrez-vous. Elle recommande d'étudier le livre «Apprendre Comment Apprendre» (Learning How to Learn).

Une des principales astuces que le Dr Coxon a apprises de ce livre est que le cerveau ne peut pas apprendre pendant plus d'une heure. La meilleure manière d'apprendre est de procéder par l'apprentissage intensif en petites portions de temps.

CHASSEZ AVEC LA MEUTE

Maintenant que vous êtes parvenus à trouver l'équilibre entre votre vie de famille, votre vie professionnelle et votre adoration, la question naturelle à se poser est comment déléguer. Vous ne voudriez pas gérer un restaurant à vous seul, et être occupé à préparer des repas tout le temps. Vous ne voudriez pas laver toutes les voitures de la station de lavage en solo. Il vous faudrait plutôt un système dans lequel plusieurs personnes font des tâches simples et qui fait que tout le monde y gagne. Vous pourrez ainsi éviter de superviser étroitement votre business et devenir libre.

Quand il est question de votre business, cela s'appelle « délégation »; c'est l'une des caractéristiques d'un leader. Le Prophète (SAW) a dit que la main d'Allah est avec la Jama'a (le groupe). C'est une chose que j'ai apprise de l'Imam Ashraf.

Lorsque vous vous lancez dans une initiative entrepreneuriale, c'est souvent une mauvaise idée d'y aller par vous-même, tout seul. Je sais qu'on nous vend les mythes d'entrepreneurs solitaires qui sont devenus millionnaires par eux-mêmes. Vous pouvez étudier les grands entrepreneurs qui ont bâti de grandes entreprises admirées de tous.

Très souvent, ces entrepreneurs se sont lancés en affaires en groupe. Ils ont des investisseurs derrière eux qui appuient le projet. Des gens avec différentes qualifications, avec différents points de vue. Faites de même. Déléguez. Ayez confiance aux autres.

Vous ne pouvez pas simplement dire que ce projet se limite à une personne et tout faire en solitaire. C'est le modèle des petits business ; la recette pour être limité. Si vous voulez que votre activité se développe, vous devez avoir tout un groupe d'individus qui vous aide à atteindre votre objectif pendant que vous les aidez à atteindre les leurs.

Pour développer votre aptitude à travailler en groupe, je vous recommande de considérer le marketing de réseau. Cela vous permettra de développer vos aptitudes en relations humaines, et d'apprendre à travailler en groupe en vue d'un même objectif.

Une fois que vous avez délégué les tâches, vous devez être irremplaçable. Disons que vous ayez 2, 3, 5 partenaires pour une nouvelle entreprise commerciale. Si vous ne voulez pas être remplacé, vous ne voulez pas que l'entreprise échoue, assurez-vous que chacun des partenaires soit irremplaçable pour que le partenariat ait du sens.

Très souvent, les gens s'associent avec des personnes qu'ils aiment. C'est juste un des critères de choix de partenaires.

Généralement, si vous aimez quelqu'un, c'est souvent parce que vous avez les mêmes forces et faiblesses. Vous devez vous associer avec quelqu'un de différent afin que vous puissiez vous compenser les uns les autres.

Par exemple, si vous êtes scientifique, associez-vous avec un avocat. Votre nouvel associé pourrait s'occuper de tout ce qui est administratif pendant que vous êtes occupés à faire les maths. Trouvez un partenaire pour vous compléter, et à qui vous déléguez certaines tâches. Vous en croîtrez.

COMMENT DES JEUNES GERENT-ILS UNE ENTREPRISE DE PLUSIEURS MILLIARDS DE DOLLARS

Le plus souvent c'est votre système qui va développer votre activité ou la faire stagner. Nous ne voulons pas de la stagnation.

Le titre de ce livre est après tout, « Les 10 règles de succès des plus grands Entrepreneurs musulmans ». Nous avons discuté de comment prioriser entre la famille, le boulot et la vie future.

Donc, mettez un système en place. Un système vous permettra d'épargner du temps, de l'énergie et de l'effort. Un des traits de caractère des riches est qu'ils aiment faire des choses ennuyeuses. Un riche peut faire la même chose pendant 20 ans, alors qu'une personne moyenne saute d'une chose à une autre. Aujourd'hui, la durée moyenne d'une carrière en Amérique du Nord est de moins de 4 ou 5 ans.

En conséquence, c'est à vous d'être l'exception. Devenez l'entrepreneur musulman qui ne connaît pas le sens du mot « récession » et exercez une grande influence dans la société.

Pour cela, les systèmes sont déterminants pour tout entrepreneur. Les systèmes vous permettent de gagner du temps libre. Donc, concevez un bon système.

C'est clairement une erreur de jugement. Nous cherchons à adopter l'attitude de l'abondance. Partagez-la partout. Si la personne est un véritable entrepreneur, elle sera très probablement trop prise pour vous choper votre idée et trop occupée à vouloir réaliser ce qu'elle a déjà en main pour en tirer profit. Si elle n'est pas une entrepreneure avérée, sa chance de réaliser votre idée sera très mince. C'est parce que son manque de réussite est probablement dû à un manque d'éthique de travail, d'expérience ou de technique. Donc vous n'avez rien à perdre.

Allez-y ! Partagez votre idée, cherchez des investisseurs, trouvez des partenaires, et faites-en un succès. Travaillez avec le Jama'a, l'aide d'Allah sera avec vous.

Les partenariats sont une manière de créer un bon système. Trouvez donc de l'aide ; de l'aide des gens qui savent gérer un business, lever des fonds dans le marché boursier, tout ce que vous voulez. C'est avec une équipe que vous vous élèverez.

J'aime donner l'exemple des restaurants de Kébab. Le restaurant Kébab est un petit business ; c'est juste le gérant qui vous sert du bon Kébab. L'étape suivante serait d'en faire un modèle de business tel McDonalds, qui est un business déjà systématisé. Des jeunes gens, à qui vous ne feriez pas confiance pour bien tenir la maison durant le week-end peuvent tenir une franchise McDonalds qui coûte plusieurs millions de dollars.

Donc, mettez un système en place. Un système vous permettra d'épargner du temps, de l'énergie et de l'effort. Un des traits de caractère des riches est qu'ils aiment faire des choses ennuyeuses. Un riche peut faire la même chose pendant 20 ans, alors qu'une personne moyenne saute d'une chose à une autre. Aujourd'hui, la durée moyenne d'une carrière en Amérique du Nord est de moins de 4 ou 5 ans.

Donc à vous d'être l'exception. Devenez l'entrepreneur musulman qui ne connaît pas le sens du mot « récession » et exercez une grande influence dans la société.

PRINCIPE VIII

TENACITE
&
HABITUDES

1

CONTINUEZ

RELEVEZ-VOUS ENCORE UNE FOIS

L'un des attributs les plus importants de l'Islam est la persistance ; cette attitude de continuer quoiqu'il arrive.

Voyez-vous, quand les gens sont testés par une difficulté, c'est en ce moment que vous distinguez ceux qui sont réellement endurants de ceux qui prétendent l'être. Quand les temps sont durs, beaucoup de gens abandonnent leurs rêves, cherchent du travail, empruntent un autre chemin, changent d'occupation ou changent même de secteurs d'activité… Ils font tout sauf persister.

La persistance c'est ce qui poussa M. Mujeeb Ur Rahman à Doha. Il a persisté malgré son emprisonnement, après avoir reçu des menaces de mort ; il a persisté malgré les gens qui ont volé des millions de dollars de son entreprise et ruiné sa réputation.

Ces obstacles peuvent surgir devant n'importe quelle personne quand elle cherche le succès. C'est parce que plus vous êtes prospère, plus vous devez être persistant, et plus vous ferez face à la compétition. Donc si vous trouvez que personne ne vous critique, c'est probablement parce que vous ne faites rien d'important.

M. Rahman menait une vie de rêve, il se faisait énormément d'argent. Et tout d'un coup, à l'âge de 40 ans, il se trouva en prison où il réalisa «Waouh, j'ai travaillé depuis mes 20 ans pourtant je suis là en prison, bien que j'aie très bien réussi.» Il me dit qu'en un moment, même le ministre des Finances de son pays faisait la queue devant son bureau juste pour le voir. Et pourtant, une fois en prison, il essaya de contacter ses amis d'antan, mais personne ne répondit à ses appels.

Dans le besoin, aucun contact du monde professionnel ne lui vint en assistance. Imaginez une situation aussi difficile. Malgré tous ses contacts, il était dans cette situation, et personne ne lui venait en aide. C'est alors qu'il adopta une nouvelle philosophie de la vie. Il était temps de changer. A partir de cet instant, il s'engagea à passer plus de temps avec sa famille et aussi à approfondir sa connaissance de la religion musulmane.

Même s'il a dû repartir de rien pour bâtir son business, il crut que le contrôle suprême revenait à Allah. Il pria pour accomplir de grands rêves et objectifs. Et vous savez quoi ? Malgré les difficultés auxquelles il fit face, il croit toujours que tout musulman devrait faire son propre business. C'est une chose d'extraordinaire à dire ; Pourquoi ? Son attitude est « qu'importe le nombre de "non" que je reçois, je vais continuer. » Acceptez les « non » et les rejets, relevez-vous, et faites-le à nouveau. C'est ça la persistance.

M. Yaya Ndianor un entrepreneur sénégalais qui est à la tête d'un conglomérat de business de tailles moyennes a eu la même expérience. Avec ses frères, il embarqua pour un voyage au Congo afin d'y faire fortune. Leur chiffre d'affaires grossit rapidement. Cependant, la guerre éclata dans la région et ils eurent à fuir le pays, sous la menace des armes à feu. Grâce à leur persévérance, ils purent rattraper leurs pertes rapidement.

LE MYTHE DU SUCCES

Certaines personnes ont tendance à insinuer que les musulmans qui deviennent extrêmement prospères en sont arrivés là grâce à un Dou'a spécial, à leur Qadr ou parce qu'ils sont nés intelligents. D'autres disent : « ils ont juste été chanceux » ou bien « ils ont des bons contacts ».

Si une telle pensée vous a traversé l'esprit, alors les exemples que j'ai donnés dans ce livre devraient vous prouver que le succès ne provient pas de ces choses-là.

L'entrepreneur musulman le plus réussi n'est pas différent ni de vous ni de moi. Si vous opérez avec de l'intégrité et suivez l'éthique commerciale légiférée par l'Islam, sachez qu'il n'y a vraiment pas de différence entre vous et un entrepreneur musulman à succès.

Un entrepreneur est une personne qui travaille avec du capital.

Certains d'entre eux sont nés dans une famille fortunée, comme c'est le cas de M. Dangote dont le grand-père était l'homme le plus riche du Nigéria de son époque. M. Dangote a fait un pas de plus et est à présent, l'homme le plus riche de l'Afrique toute entière.

Il y a aussi des gens comme Dr Mirza qui ne sont pas nés de familles richissimes. Il émigra en Amérique, et après quelques années, fut à la tête d'une compagnie qui supervise 3 milliards de $ d'actifs. Il fait des investissements profitables surtout dans des compagnies agroalimentaires qui produisent un rendement élevé.

On a aussi rencontré Dr Miles Davis dont la plupart des amis d'enfance furent soit tués par balle soit emprisonnés. Son histoire était très émotionnelle. Il expliqua que l'Islam l'a sauvé de la drogue et de la corruption qui régnaient dans les rues de l'Amérique. Aujourd'hui, il est membre du Conseil d'Administration de plusieurs grandes entreprises et aussi le Chancelier d'une école de commerce centrée sur l'entrepreneuriat.

Vous avez aussi des gens comme sir Anwar Pervez qui était conducteur de bus en Angleterre. Il y avait émigré avec un faible niveau d'éducation académique. Il n'avait pas passé beaucoup de temps sur les bancs de l'école ; et pourtant, il est à la tête d'une entreprise qui fait un chiffre d'affaires de plusieurs milliards de dollars. Il est parti d'une simple épicerie.

Donc, comme vous pouvez le voir à travers ces exemples, il y a des gens qui ont commencé riches dans leur carrière et qui sont devenus encore plus riches. Il y a aussi des gens qui étaient pauvres qui ont reçu très peu d'éducation scolaire et pourtant ils ont des résultats massifs.

Si vous pensiez que c'est à cause de leur niveau d'éducation ; non. Il y a des gens titulaires d'un PhD (doctorat) qui travaillent pour sir Anwar Pervez qui n'avait même pas fini le lycée.

Souvenez-vous que l'un des noms d'Allah est Ar Razzak, le Pourvoyeur. Il donne à qui Il veut. Donc vous devez réaliser que personne n'est spéciale. Tout ce que nous avons nous a été donné comme une opportunité de faire le bien. Il est vital de rendre la pièce à la communauté et de donner aux gens autour de nous, aux musulmans de notre lieu de résidence et à notre pays d'origine. C'est pour cela qu'il y a des musulmans entrepreneurs qui bâtissent des hôpitaux, des écoles, des mosquées en Amérique, au Moyen-Orient, en Afrique, tout autour du monde.

La chose qui compte est ceci : Allah est infiniment riche et Il donne à qui il veut sans que cela ne diminue quoi que soit de Sa richesse.

C'est pour cela qu'un entrepreneur musulman à succès est juste comme vous et moi. Tout ce qu'il a lui vient d'Allah. Penser qu'il vous faut un gène spécial est un mythe. Ces entrepreneurs ont été favorisés et ont reçu un certain don, mais vous aussi avez un talent caché. Ces entrepreneurs dorment, ont besoin de prendre des jours de congé, ont des familles, etc. Ils n'ont pas des capacités extraordinaires ou une connaissance qui sort de l'ordinaire. Donc, croyez en Allah et ayez espoir qu'Il va vous donner ce dont vous avez besoin pour être prospère et vous aider à réaliser votre objectif, quel qu'il soit.

LA DEFAITE EST TEMPORAIRE

Cette vie d'ici-bas est temporaire, aucune défaite n'est réellement permanente. Tout est temporaire. Certains gens pourraient penser qu'ils sont en train de gagner alors qu'en réalité, ils perdent en ce qui concerne l'autre monde. Ceci constitue une réalité importante à considérer.

Vous devez avoir la bonne intention par rapport à votre travail aider votre famille, assister les autres, changer des vies, changer votre communauté, ce sont des buts nobles. Aidez votre famille d'abord et avant tout, car c'est le but le plus noble. Vous pouvez par exemple leur acheter une grande maison. Quelque soit le but, s'il est permis en termes de la Charia, poursuivez-le. Si vous échouez, voyez-le comme une défaite temporaire. Si vous persistez, le succès vous viendra.

Je vous rappelle encore une fois le Ayah du succès, l'Ayah favori de l'Imam Ashraf au sujet du succès : si vous persistez et vous croyez alors vous verrez le succès. Cela révèle votre système de valeurs de base. Si après un échec, vous vous trouvez découragés, retournez au chapitre sur la croyance. Raffermissez votre croyance à nouveau. Votre croyance en Allah premièrement, ensuite votre croyance en vous, en votre compagnie et en votre projet. Cheikh Hamza Yusuf m'a rappelé du Ayah :

"Les croyants ont déjà réussi."

-Al-Qour'an, Sourah Al-Mou'minun, Ayah 1

Si vous avez déjà réussi, alors la défaite ne peut pas être une option.

Un exemple qu'on voit dans la Sira illustre ce point. Quand certains des compagnons du Prophète SAW faisaient l'immigration, la Hijra, ils étaient extrêmement riches comme ce fut le cas de Abdur Rahman Ibn Au'f et de Ousman Ibn Affan. Mais quand ils migrèrent, ils perdirent toutes leurs richesses. Ils furent expulsés de leur ville de naissance, Makkah (la Mecque), et se réfugièrent à Madinah (Médine) pour protéger leur foi. Combien de fois avez vous vu des gens immigrer et tout perdre juste pour protéger leur religion ? De nos jours, les gens migrent pour différentes raisons. On compte le désir de devenir riche ou la crainte de la pauvreté.

Quand les musulmans arrivèrent à Médine, les migrants furent jumelés avec les Ansars et le Prophète SAW d'eux des Frères de foi. Les Ansars donnèrent des habits, des maisons et du travail. Bien qu'ils ne partageaient pas de liens familiaux, ils pouvaient néanmoins, chacun, hériter de la propriété de l'autre. Cela dura tant que les Mouhadjirounes étaient encore des nouveaux arrivants à Médine.

Le frère jumelé de Abdour Rahman Ibn Au'f, Saad Ibn Rabii, lui dit : « Je suis très riche et tu es mon Frère. Je sais que tu es venu seul et que tu as laissé ta famille derrière, sans argent ni épouse. Je vais donc t'offrir la moitié de ma richesse et te laisser choisir laquelle de mes femmes tu aimerais épouser. Je la divorcerai et tu pourras ensuite la marier. » On gagne un aperçu de l'étendue de la générosité des Ansaris qui étaient même prêts à rompre leurs mariages et partager jusqu'à la moitié de leur richesse pour leur religion.

Et qu'est ce qu'Abdur Rahman Ibn Auf lui répliqua ? Il dit :

« Qu'Allah te bénisse par tes épouses et ta fortune. Indique-moi simplement la place du marché. »

Il s'y rendit et commença son business. Il mettait en liaison des clients et des vendeurs et facilitait leurs transactions. Il recevait des commissions sur les transactions de sorte qu'à la fin de sa première journée, il put se payer sa nourriture. Il fit la même chose les jours qui suivirent et au bout de quelque temps, il put s'acheter un âne et devint assez riche au bout de deux mois.

Un beau jour, le Prophète le vit assis et bien habillé, dégageant une odeur de femme. Le Prophète SAW lui demanda comment cela était possible. Abdur Rahman Ibn Auf lui dit qu'il venait juste de se marier. Le Prophète SAW le questionna au sujet de la dot qu'il donna pour se marier. Il lui répondit qu'il avait donné un Sa'h, équivalent à une grande quantité d'or. Il était devenu riche en l'espace de quelques mois. Qu'est-ce que cela nous montre ? Cela nous montre qu'il avait l'attitude de l'entrepreneur musulman à succès. Malgré sa perte, même s'il était fauché, il ne s'en alla pas travailler pour quelqu'un d'autre.

Il ne comptait sur nul autre, mais avait juste foi en sa connaissance, son expérience et ce qu'Allah lui avait donné. Il savait comment négocier, comment acheter/vendre, traiter avec les gens et trouver des opportunités.

Même si vous perdez de l'argent, vous ne perdrez jamais votre expérience. C'est pour cela qu'en tant qu'entrepreneur, vous devez aller de l'avant et prendre des risques calculés. Faites bouger les choses.

Si cela ne vous réussit pas, vous aurez appris quelque chose, voilà tout. Abdur Rahman Ibn Auf et beaucoup d'autres Sahabas avaient perdu tous leurs biens. Cela est arrivé plusieurs fois à beaucoup de musulmans, à travers l'histoire. Je vous ai déjà raconté l'histoire de Mujeeb Ur Rahman et celle de Yaya Ndianor. La clé du succès, quand vous faites face à des difficultés, est la persistance. Quiconque persiste gagnera dans le long terme.

RIEZ-EN

Le Prophète SAW dit qu'un croyant n'est pas mordu deux fois au même endroit. Ça veut dire qu'un croyant ne peut pas être trompé deux fois par le même biais. Nous trouvons là un fort encouragement de ne pas être naïf. Eviter de commettre la même erreur deux fois de suite, c'est apprendre à connaître son ennemi.

L'ennemi de l'intérieur est Chaitan qui nous distrait, il nous fait oublier des choses et nous rend paresseux.

Donc vous devez savoir ce que votre propre caractère est. Si vous commencez quelque chose et échouez, demandez-vous : «pourquoi ai je échoué ? Pourquoi n'ai-je pas réussi ? »

Oui, il y a la destinée (Qadr), mais analysez la situation plus profondément. Est-ce parce que vous avez arrêté de travailler dur ? Est-ce par manque de ressources ? Est-ce par manque de connaissances ? Dans tous ces cas, vous tenez entre les mains une grande ressource. Ce livre-ci contient des conseils d'entrepreneurs musulmans à grand succès.

Vous aurez peut-être l'opportunité d'en contacter certains d'eux pour qu'ils vous conseillent et vous coachent.

En admettant vos erreurs, vous apprendrez à ne pas trop vous prendre au sérieux. Dès que vous entamez quelque chose, sachez que cela pourrait marcher ou échouer. Faites-le juste avec la croyance qu'Allah va vous donner ce dont vous avez besoin sans pour autant trop le prendre au sérieux. Le résultat ne dépendra pas de vous une fois que vous vous êtes suffisamment préparé. Au final, la promesse d'Allah SWT aux croyants est que vous recevrez les résultats de votre travail dans cette vie ou dans la prochaine. Donc, allez-y. Vous prendre trop au sérieux va juste vous donner énormément de stress.

Selon l'Imam Ashraf Zaghloul, PDG de NTG Clarity Inc., beaucoup de gens ont des idées ; les entrepreneurs aiment bien rêver et tendent à trop protéger leurs idées. Mais à la fin, ce n'est pas la pertinence de l'idée qui compte. C'est comment vous l'exécutez, combien d'expérience et de talent vous avez. Le financement joue un grand rôle aussi.

Donc, foncez pour exécuter vos idées. N'essayez pas de vous agripper à votre soi-disant secret. Cela pourrait mettre votre entreprise en faillite. Au lieu de cela, il vaut mieux partager votre idée avec tous ceux que vous rencontrez avec enthousiasme. Partagez-la et voyez ce qui va se passer. Lisez le chapitre Le Pouvoir du Groupe où je parle de l'importance de s'entourer de personnes qui vont vous aider.

Une autre manière plus avancée pour ne pas trop vous prendre au sérieux est de viser à recevoir un NON ; d'y aller en s'attendant à échouer.

Donc quand vous faites une vente, visez le NON et ne la prenez pas trop au sérieux.

Ils ne vous disent pas NON, mais ils disent NON à la vente. Ils ne sont pas prêts à acheter, leur état d'esprit n'est probablement pas au point, donc continuez votre chemin sans prendre cela au sérieux et vous prospérerez ainsi. La crainte du rejet est la raison pour laquelle beaucoup de gens sont terrifiés à l'idée de commencer leur propre entreprise. Parce qu'être entrepreneur requiert faire des transactions et inévitablement subir des rejets. Malheureusement, cette peur paralyse beaucoup d'entrepreneurs potentiels.

Je vais vous raconter ce qui m'est arrivé quand j'ai commencé à viser le NON. J'étais étudiant doctorant et je ne me faisais pas beaucoup d'argent. Un de mes amis du karaté me parla d'une compagnie qui faisait de la vente de porte-à-porte. Je n'avais jamais rien vendu en anglais jusqu'alors parce que j'ai été éduqué au Sénégal et me suis toujours exprimé en poulaar, wolof ou français. Mais frapper à autant de portes tout en essayant de vendre, changea tout. C'est la chose la plus terrifiante qui soit. Mais une fois que vous le faites, vous vous rendrez compte que vous vous preniez trop au sérieux. Développez une attitude qui dit que ces choses-là importent peu. Foncez souvent vers le NON. Vous recevrez éventuellement des OUI et prospérerez. Encore une fois, tout ce dont vous avez besoin c'est que quelques personnes vous disent OUI des fois pour que vous obteniez un succès qui dépasse votre imagination.

VOUS POUVEZ VOUS FAIRE
1 MILLION AVEC 1%

Quel que soit le service ou le produit que vous offrez, ce qui compte vraiment au final c'est le nombre de ventes que vous faites. Cela est lié au nombre d'appels que vous faites, au nombre de portes auxquelles vous frappez et au nombre de fois que vous sollicitez les gens. Dans toutes ces activités, vous êtes susceptibles d'être rejetés.

Mais si vous réalisez que vous n'avez pas besoin que tout le monde vous dise OUI tout le temps, cette crainte du rejet disparaît. Donc, souvenez-vous : pour devenir très prospère, vous n'avez pas besoin que tout le monde vous dise OUI tout le temps. Tout ce dont vous avez besoin c'est que quelques personnes vous disent OUI des fois pour que vous deveniez très, très riche.

Prenons l'exemple du Pakistan, un pays de plus de 180 millions d'habitants, c'est aussi le pays où beaucoup de gens que j'ai interviewés bénis soient-ils, sont issus.
Maintenant, disons que 1 % des gens achètent votre produit, cela représenterait 1.8 millions de clients pour votre marque. Il se pourrait que vous vendiez du chewing-gum. Si vous faites juste 1 $ par personne dans ce 1 %, vous êtes déjà millionnaire. Si vous gagnez plus de parts du marché, vous devenez multimillionnaire. Voyez-vous comment votre fortune peut grossir rapidement ?

Donc, il n'est pas nécessaire que 100 % de la population dise oui. Juste quelques personnes, quelques fois. Ils n'ont pas à acheter chez vous tout le temps, non plus. C'est cette attitude que vous devez adopter. C'est pour cela que la persistance est clé. Une fois que vous parlez à suffisamment de gens, certains d'entre eux vous diront oui et achèteront votre produit. Eventuellement, vous deviendrez riche.

Donc, ma mission pour vous est de vous inviter à faire plus d'appels téléphoniques, à frapper à plus de portes, à serrer davantage de mains, à recueillir plus de NON et à développer de la persistance.

Mujeeb Ur Rahman me raconta comment il développa sa persistance. Quand il était jeune homme, il commença à travailler avec son frère, au Moyen-Orient dans le secteur de la construction. Pour commencer, il faisait le tour de la ville et repérait des sites de construction et visitait le bureau du chef de chantier.

Ils leur demandaient de quoi ils avaient besoin. Ceux-ci répondaient qu'ils avaient besoin de ciment, et précisaient la quantité nécessaire et les délais. Ils se fixaient pour but de livrer cette quantité avant ce délai, au meilleur prix. Il tint avec son frère un carnet d'adresses de plus de 1000 clients en quelques années et quelque temps après, ils étaient au top du jeu.

Donc juste comme ça, de rien, vous pouvez bâtir un business massif en faisant le travail préparatoire vous-même. Ils le firent par eux-mêmes en sécurisant des clients et en les aidant à réaliser leurs objectifs.

2

L'IMPORTANCE DES HABITUDES

LES HABITUDES FORMENT LE CARACTERE

Le caractère est votre être le plus profond. C'est comme vous êtes réellement quand vous êtes tout seul, quand vous n'avez ni visiteur ni époux (ou épouse) autour de vous, vous vous connaissez parfaitement.

Alors comment devenons-nous comme nous sommes? Certaines personnes reçoivent tous les compliments : on fait l'éloge de leur éthique de travail par exemple. Certains sont toujours énergiques et ne sont jamais en retard. Ils sont tellement positifs, tellement généreux, tellement pieux. Comment sont-ils devenus ainsi? Vous verrez que, très souvent, ils ne sont pas nés comme cela. Certains entrepreneurs extraordinaires que j'ai rencontrés étaient juste des gens ordinaires qui avaient échoué au tout début de leur carrière. Ils sont différents aujourd'hui.

Souvenez-vous qu'une habitude est quelque chose qu'on répète, encore et encore.

Durant ma jeunesse, je fréquentais souvent un ami qui bégayait tout le temps. Je l'accompagnais souvent et passais beaucoup de temps avec lui. Mes parents n'aimaient pas cela, mais je ne comprenais pas au début. En fait, ce n'était pas juste le bégaiement, c'était le fait qu'il jouait tout le temps au lieu de travailler. Après avoir passé autant de temps avec lui, un beau lendemain, je bégayais moi aussi. C'est extraordinaire ; on apprend vraiment des gens autour de nous. C'est pour cela qu'il est fondamental d'avoir un bon environnement islamique pour vous et votre famille. Vous adopterez certainement les habitudes de votre environnement ; que ce soit, au travail, ou dans la société en général.

Je mis du temps à me débarrasser de ce bégaiement. C'était véritablement devenu une habitude ancrée en moi. Vous devez fournir des efforts pour empêcher la mauvaise habitude de devenir une part de vous.

Quelques années plus tard, je vis une étude faite sur une tribu qui était isolée du reste du monde. Nous avons déjà mentionné cette histoire incroyable. Personne ne bégayait dans cette tribu et dans leur langage, il n'existait même pas de termes pour décrire le bégaiement. Ça montre que si vous ne connaissez pas quelque chose, vous ne le ferez jamais.

Si vous commettez un péché, ceci est une bonne raison de le cacher, de ne pas l'exposer, d'en parler ou de le divulguer parce que vous ne voulez pas influencer les gens avec votre passé négatif.

Comment cela s'applique-t-il à vous ? J'ai donné l'exemple du bégaiement. Mais vraiment, cela s'applique à tout ce qu'on fait dans cette vie. L'acte de penser est un bon exemple. Vous pensez de la manière dont vous le faites parce que vous avez pensé de cette façon depuis des années déjà, et il devient très difficile de changer cela. Le changement requiert un grand effort intentionnel. Penser les bonnes pensées peut devenir par ce biais une habitude.

La troisième étape, c'est que de nouvelles habitudes vont automatiquement vous donner de nouvelles priorités. Par conséquent, si vous êtes quelqu'un qui pense constamment à payer les factures et à joindre les deux bouts, cela deviendra votre réalité. Ce que vous aurez tendance à faire, c'est de trouver un emploi qui va juste payer les factures. C'est ce qu'un boulot accomplit d'habitude.

Si vous voulez être un entrepreneur, alors vous devez changer votre manière de penser. Au lieu de se concentrer sur les factures, concentrez-vous sur les opportunités autour de vous ; concentrez-vous sur ce que vous êtes en mesure de faire, sur la contribution et la valeur que vous pouvez apporter à la société. Cela va vous rendre extrêmement prospère, bien en deçà de payer uniquement les factures.

Beaucoup d'entrepreneurs avec qui j'ai discuté ont réussi bien au-delà. L'un d'eux, M. Salim Siddiqi, devint un multimillionnaire en tant que comptable. La comptabilité fait partie des professions les plus dures. Vous ne trouverez pas beaucoup de comptables qui ont son niveau de vie. Il habite dans une maison qui vaut plus d'un million de dollars.

Je peux vous dire que quand il commençait, il ne pensait pas juste à payer les factures. Si c'était le cas, il n'aurait pas quitté son précédent boulot qui était très bien rémunéré. Mais il quitta cette assurance pour travailler dur dans son bureau placé au sous-sol de sa maison. La nuit, il dormait à même le sol, juste avec un matelas, mais voyez ce qu'il est devenu à présent. Il y arriva. Vous devez donc savoir que le succès est possible et vous est accessible. Tout est question de penser de la bonne manière.

LES PETITES CHOSES QUI COMPTENT

Il y a un mythe qui court les rues et qui dit : « Oui, ces gens-là ont persisté. Oui, ils ont eu du mal. Mais tout d'un coup, ils y arrivèrent et devinrent très riches. »

Non ! Cela ne se passe pas comme ça. Voyez-vous, dans cette vie, il y a des lois qu'Allah a créées : pour que le fermier récolte, il doit tout d'abord semer. C'est pour cela que la première chose que nous avons dite est qu'il faut avoir la bonne intention (Niyyah). Semez d'abord ; vous récolterez ensuite tout comme le fermier.

Comment cet exemple pourrait-il s'appliquer à vous et moi ? Ça nous rappelle qu'il ne faut pas s'attendre à être couronné de succès du jour au lendemain. Des fois, des années d'effort sont requises et c'est pour cela que nous avons parlé de la persistance et de la patience (Sabr) requises.

Oustadh Nouman Ali Khan m'a dit combien il travaillait pour étudier la langue arabe. Ça lui a permis de contribuer à l'étude du Coran principalement en Occident. Et à présent, son organisation est devenue globale grâce au web.

Il souligna le fait que quand il commençait son entreprise, il était déjà engagé depuis plusieurs années dans l'enseignement de la langue arabe. Et c'est après que le cours devint populaire qu'il décida d'y aller à temps plein. Ce n'est pas quelque chose qui arriva du jour au lendemain. A travers cette période, ce qui commença comme passe-temps devint une aspiration pour sa vie, c'est-à-dire l'étude et l'enseignement de la langue arabe. Aujourd'hui, il utilise le marketing sur internet pour bâtir son business. Il a près d'un million d'abonnés dans les médias sociaux et sur sa chaîne Bayyinah. tv. Il se peut qu'il soit célèbre maintenant, mais tout cela est le fruit de plusieurs années de travail. L'effort fourni peut être des fois sans résultat apparent.

Donc, il y a un mythe qui circule qui dit que certaines personnes n'ont qu'a bondir pour décrocher la lune. Ça ne marche pas comme ça. Tout le monde traverse des épreuves. Mon conseil c'est de commencer à petite échelle ; de faire uniquement les tâches nécessaires pour produire des résultats et vous allez éventuellement vous développer énormément.

Un autre exemple d'un petit start-up qui a grossi de manière exponentielle est la compagnie du Dr Mirza, le Sterling Management Group. Dr Mirza a dirigé sa compagnie d'investissements pendant 30 ans. Ne croyez-vous pas qu'après 30 ans, il se pourrait qu'il connaisse son art ? Sa persistance a payé bien entendu.

Dr Hatim Zaghloul, le Fondateur de Wi-Lan Inc. aime à l'appeler le mythe du succès immédiat. Pendant 7 ans, il s'attela au travail. Il arriva tous les jours au boulot à 6 heures du matin, bien avant tous ses employés. Les portes du succès s'ouvrirent à lui après 7 ans d'une pareille routine. Qu'est ce que les gens voient ? Juste le résultat : une compagnie d'un milliard de dollars en capitalisation boursière. Ils ne voient pas les années de travail acharné qu'il a fournies.

Les riches deviennent riches en faisant des choses qui font mourir d'ennui. Ils tendent à avoir la même routine tous les jours. Vous les trouverez engagés à développer une seule compagnie et à la grossir. Même s'ils sont investisseurs, ils se concentreront sur certains secteurs précis. Peut-être qu'ils investissent dans plusieurs entreprises, mais ils sont principalement investis dans un secteur d'activité, dans une niche et ils sont connus pour cela. Le marché est suffisamment compétitif pour faire marcher une seule entreprise.

3

CHANGEZ VOS HABITUDES

DEVELOPPEZ CE MUSCLE

Commencez à petite échelle. Si vous voulez être en bonne santé et perdre du poids, ne commencez pas par faire un marathon. Vous tomberiez malade. Je connaissais un jeune pratiquant d'arts martiaux qui avait pour habitude de regarder des films d'arts martiaux. Fort de cet enthousiasme que de tels films donnaient, il s'entraînait très très dur par la suite.

Le résultat était évident. Il sentait des douleurs partout dans son corps. C'était dur ! Mais il se mit à progresser et s'assagit plus tard. Il se mit à faire un tout petit peu d'exercice de manière régulière toutes les semaines. C'est ce que vous devez faire. Bâtissez votre muscle que ce soit dans votre business, dans votre vie personnelle, ou dans votre mariage. Ne jetez pas juste une grande fête. Faites-en des plus petites ; étalez vos fêtes dans le temps d'une manière plus régulière.

Commencez modestement et travaillez en vue de votre objectif. Si vous voulez être millionnaire, devenez millénaire d'abord, puis dix millénaires, puis cent millénaires... C'est ce que j'ai vu chez la plupart des personnes à succès. Ils commencent modestement et restent très constants. A quel point devez-vous être constant ? Faites-le tous les jours. L'Islam nous enseigne ce principe qui est très bénéfique. Il y a une valeur extraordinaire dans la constance. Le Prophète SAW dit :

« Ce dont vous avez la capacité de faire par Allah ne sera jamais ennuyé et va continuer à vous payer jusqu'à ce que vous devenez ennuyé par vos bonnes actions. Certes, l'action la plus aimée d'Allah est celle que l'individu fait de manière constante. »

- Al-Boukhaari, Vol. 1 Book 2 Hadith 41

Soyons donc constants. Cela pourrait bien être la chose la plus difficile que vous ayez jamais faite, mais la constance pourrait devenir la plus réconfortante. Vous trouverez que cela devient plus facile juste comme c'est le cas des cinq prières quotidiennes. Vos premières prières vous semblaient difficiles, mais elles font maintenant partie de la vie. C'est l'une des raisons pour lesquelles l'Islam nous enseigne la constance comme principe fondamental.

Les riches que vous rencontrez sont aussi les plus constants. Tous les jours, ils travaillent à la même heure, ils font la même activité, le même business ennuyeux (aux yeux des gens). Cela leur permet de se développer encore et encore. Ils prospèrent. C'est pour cela que l'une des choses qui freinent les non avertis est le fait de vaciller d'un secteur d'activité à l'autre.

Mais si vous êtes constants et que vous faites la même chose encore et encore, vous deviendrez très bon.

Combien de temps cela va-t-il vous prendre pour développer la bonne habitude de notre choix ? Du point de vue islamique, 30 jours est un bon nombre. Pourquoi dis-je cela ? Comme certains savants musulmans me l'ont rappelé, le jeûne du mois de Ramadan, qui compte en moyenne 30 jours, est supposé nous changer profondément pour les onze mois à venir. Vous développez l'habitude de ne pas trop manger et cela aide au maintien et même au rétablissement de votre bonne santé. Ça nous donne aussi la persistance que nous désirons. Donc 30 jours.

Voudriez-vous rompre avec une habitude ? Peut-être que cette habitude consiste à être en retard tous les jours. Visez à venir à l'heure pendant 30 jours et voyez ce qui arrive. Tout est codifié dans notre belle religion.
Faites la même chose encore et encore, à la même heure, tous les jours de l'année. Regardez la salat. C'est la constance, c'est la même prière, tout le temps, de la même manière, à la même heure, tous les jours... Donc l'habitude de la constance est intégrée. C'est la raison pour laquelle l'entrepreneur musulman a un très grand avantage.

« JE NE SUIS PAS EN RETARD DEPUIS DES ANNEES. »

D'où viennent les mauvaises habitudes ? Elles sont apprises. Même le péché s'apprend. La source pourrait simplement être la télévision.

Il est vivement recommandé de l'éteindre. Les entrepreneurs à succès que j'ai rencontrés regardent à peine la télé. Ils sont trop occupés soit à étudier leur religion ou leur profession, soit à rêver de leur prochain gros plan ou à bâtir leur business ou aider leur communauté. Ils sont trop occupés pour regarder la télévision.

Il existe à peine des choses bénéfiques pour l'entrepreneur, à la télé. Apprenez les bonnes choses des bonnes personnes et restez dans un environnement positif. Sortez et demandez. Les entrepreneurs musulmans à succès sont les gens les plus ouverts que j'aie jamais rencontrés. Vous aussi pourrez les contacter et vous verrez qu'ils sont prêts à partager la sagesse et l'expérience accumulées au cours des années et qui vous font défaut. Vous pouvez apprendre de leur sagesse. Je suis véritablement reconnaissant de l'opportunité d'avoir appris d'eux de manière extensive.

De quelle autre manière les mauvaises habitudes peuvent-elles nous venir ? L'une des sources est la « Riya » qui est l'acte de se vanter. C'est faire quelque chose juste pour bien paraître ou être « cool ». Vous allez rarement trouver une personne riche qui soit « cool ». Bien sûr, ils ont des fans et des admirateurs, mais ils tendent à avoir des ennemis aussi. Cela va de pair avec le succès et ça ne leur déplaît pas. C'est particulièrement important pour les entrepreneurs musulmans parce qu'ils sont à même d'être plus profonds en caractère. Si vous faites carrière en ce moment, juste pour bien paraître, le chemin de la réussite deviendra escarpé pour vous.

Voyez-vous, l'entrepreneur à succès est même ouvert à vendre des cacahuètes pour y arriver. Le grand-père de M. Aliko Dangote devint très riche en vendant des arachides au Nigéria. Quelqu'un pourrait être conduit à penser que l'arachide est une commodité insignifiante.

Mais il devint l'homme le plus riche du pays de son époque en vendant ces noix. C'est ce que vous devez comprendre ; les entrepreneurs les plus riches sont ouverts à faire ce qui est nécessaire, du moment que c'est légal !

Cette caractéristique est très bénéfique et louée dans le Coran. Ces gens-là ne travaillent pas pour s'étaler ou pour bien paraître. Evitez donc l'étalage ; c'est une mauvaise habitude qui pourrait non seulement mettre votre business en difficulté, mais aussi votre vie et votre bonheur. C'est un défaut qui peut tous nous affecter.

Relisez donc la section sur les intentions et reconnectez-vous avec votre pourquoi. Pourquoi faites-vous ce que vous êtes en train de faire ? Si ce n'est pas pour bien apparaître, alors pourquoi le faites-vous donc ? Un entrepreneur que j'ai interviewé, Com Mirza m'a conseillé de revoir mes intentions et de les reconnecter avec mon pourquoi.

Troisièmement, Chaitan (Satan) amoindrit à nos yeux la mauvaise habitude. Il la fait apparaître comme quelque chose de banal afin qu'on le répète. Un exemple est le fait d'être en retard. Si vous êtes juste en retard pour une fête, cela pourrait passer. Mais un jour, ça pourrait être quelque chose d'important et ça affectera votre business.

Un constructeur dans le secteur du bâtiment pourrait vous donner l'ordre de passer une commande pour des matériaux de construction. Cependant si vous livrez la commande avec du retard, cela l'emmènera juste à vous quitter et à trouver quelqu'un d'autre. Vous pourriez perdre une grande opportunité. Ne minimisez donc pas les mauvaises habitudes. Soyez conscients de cela. Prenez tout ce qui est mauvais comme quelque chose de très important.

J'ai une fois rencontré un milliardaire qui me dit qu'il n'était jamais en retard à ses rendez-vous. Nous attendions qu'une présentation d'affaires commence à l'hôtel ; j'en ai donc profité pour discuter de sa routine. Il me dit «Tu sais quoi Oumar? Cela fait des années que je suis toujours ponctuel.» Et c'est vrai, à chaque rendez-vous, il était la première personne sur place. Même s'il était de loin la personne la plus prospère de nous tous, il était déjà milliardaire ! Les gens venaient le voir parler et pourtant, il était là en premier, avant l'heure et avant les autres.

Donc la prochaine fois que vous entendrez qu'un tel est riche, parce que c'est juste comme ça», dites NON. Souvenez-vous qu'ils ont certaines bonnes vertus. Ce n'est pas la personne sans moralité qui gagne.

Les gens prospères ont certaines qualités. Ne minimisez surtout pas vos mauvaises habitudes et prenez-les au sérieux afin de pouvoir les éliminer. Vous aussi pourrez ainsi atteindre le sommet.

SOYEZ CONSCIENT DE VOTRE ENNEMI

Identifiez la mauvaise habitude. Soyez conscient de votre ennemi et apprenez à le connaître. Ensuite, débarrassez-vous-en. Comment? En remplaçant la mauvaise habitude par une bonne.

Une des nombreuses ressources de l'entrepreneur musulman est la Sounnah. Le Coran ne descendit pas de lui-même. Il vint au Messager SAW qui était un exemple en chair et en os du Coran. Il l'exemplifia véritablement.

Il incarnait les vertus qu'Allah aime dans cette vie et nous montrait la bonne manière de conduire son business. Suivez donc la Sounnah.

Si le Prophète SAW a fait quelque chose, c'est à répéter et même à former une bonne habitude autour de cet acte. Si l'on sait qu'il ne dormait pas excessivement, alors prenez cela en compte. Il se réveillait la nuit pour prier, pensez-vous que cela vous donnerait plus de santé? Bien entendu, il est très difficile d'être trop embonpoint si vous passez quelques heures toutes les nuits en station debout à prier. Il avait l'habitude d'être en selle et de marcher dans des conditions désertiques rudes. Aujourd'hui, il se peut que nous n'ayons pas accès à des chevaux ou des chameaux, mais on peut l'imiter en s'exerçant. Tout dans la Sounnah est une bonne habitude.

Les entrepreneurs musulmans comme docteur Noor le PDG du Noor Khan Hôpital en Arabie Saoudite ont confirmé ce fait. «Qu'est-ce que vous lisez pour devenir prospère?» lui demandais-je. Il me dit qu'il lit le Coran et qu'il suit l'exemple du Prophète SAW.

Le service du docteur Noor a été tellement exemplaire qu'il fut l'un des rares étrangers à avoir une nationalité à titre honoraire accordée par le roi de l'Arabie Saoudite lui-même. Il fut récompensé pour le travail extraordinaire qu'il a fait dans ce pays et les services et contributions qu'il leur a apportés. Et à l'âge de 80 ans, il bâtit toujours son business sans relâche. Il va au travail tous les jours et lis le Coran quotidiennement. Il n'y a rien qui puisse stopper un vrai entrepreneur. Donc, suivez la Sounnah quand il s'agit de se forger de bonnes habitudes et vous prospérerez.

L'HABITUDE DE L'ARGENT

Economiser est une habitude, investir est une habitude, gaspiller de l'argent est aussi une habitude. Si vous faites quelque chose assez souvent, vous développerez cette habitude. Ce livre traite du sujet de l'argent. Quand vous implémentez ce qu'il contient et forgez ces bonnes habitudes, vous aller grandir incroyablement riche inchaAllah.

Comment faire pour avoir ces habitudes de bonne gestion d'argent? Il y a beaucoup d'exemples de la manière de procéder dans le Coran. «Allah n'aime pas ceux qui gaspillent». Il les appelle les «frères du diable». Parce qu'ils ne contrôlent pas leur désir. Vous voudriez faire grossir votre tire-sou, laissez donc votre argent dans votre tire-sou. Vous voyez cette jolie robe? Laissez-la, ne l'achetez pas. Vous voudriez manger ce chocolat? Vous aimeriez acheter ce délicieux poulet? Refrénez-vous. Le jeûne nous apprend cela.

N'essayez pas d'entrer en compétition avec vos voisins riches Abdoullah ou Fatima. Si vos voisins ont bâti une autre étage pour leur maison, ou viennent d'acheter une nouvelle Lexus, si vous entrez en compétition avec eux, il vous sera difficile d'économiser et de faire grandir votre argent. Ne vous mettez même pas dans la tête d'impressionner les autres. Lisez ce livre et faites passer ce message. Cultivez-vous au sujet de l'argent. Si vous appliquez cette information, vous pouvez être certain que vous serez financièrement indépendants dans quelques années alors que vos voisins seront toujours en train de payer leurs dettes. Pour le moment, votre unique concurrent est vous-même!

Une bonne règle à suivre est de garder un pourcentage entre 10 % et 25 % de tout ce que vous gagnez et de permettre à cet argent de grossir, par le biais d'investissements.

Docteur Noor de l'Arabie Saoudite me dit qu'il a toujours économisé son argent. C'est l'une des clés de son succès. Bien sûr, il n'est pas quelqu'un d'avare non plus ; il traite sa famille très bien et gâte ses enfants et grands enfants en leur donnant des cadeaux et une vie de qualité et prospère. Mais il ne dépense pas l'argent qu'il gagne sur des futilités surtout quand il commençait juste à bâtir son business.

Commencez donc aussitôt que possible. Si vous voulez investir, vous devez donner à votre argent du temps pour grandir. C'est une bonne idée de commencer aussitôt que possible. Si vous êtes dans votre vingtaine, vous devriez déjà avoir commencé.

LA MORT DE LA TELEVISION

Prenez un moment pour avoir une conversation interne. Vous découragez-vous vous-même sans le réaliser ?

Est-ce que vous parlez négativement de vous-même, de vos buts, de vos rêves non accomplis ? Etes-vous freinés par la précarité au travail ? Prêtez-vous l'oreille si les gens parlent de choses négatives autour de vous ? Alors, quittez cet endroit. Le Coran nous ordonne de fuir la vaine parole qui n'est pas bénéfique dans cette vie ou dans l'autre.

Evitez cette situation et quittez-la. Evitez aussi la télévision. Celle-ci est une perte de temps. Evitez aussi de perdre trop de temps dans les médias sociaux. Ce sont des futilités alors vous n'avez pas à en prendre connaissance ; évitez cette négativité.

La seconde étape est d'éviter d'être paresseux avec votre langage. Exprimez ce que vous voulez d'une manière claire de sorte qu'il n'y ait pas de conflits entre vos aspirations, vos rêves et la présente réalité. Souvenez-vous qu'Allah nous pourvoit à travers les autres personnes, donc quand vous êtes en train de faire une vente/transaction, parlez d'une manière claire.

Comment pouvez-vous améliorer votre expression ?

En écoutant les bonnes choses. Ecoutez des enregistrements audio, écoutez les gens qui savent parler. Ecoutez les gens riches et parlez-leur. Notez comment ils parlent. A travers ce livre, vous allez accéder aux enregistrements audio et vidéo des interviews faits avec les personnes qui sont exposées ici. C'est une grande ressource pour commencer à apprendre comment bien s'exprimer et développer le langage de la pensée qui mène à la richesse. Non seulement vous devriez écouter les musulmans riches, mais aussi leur tenir compagnie. Demandez-leur de bons conseils (Nasihas), de sorte que vous puissiez interagir régulièrement avec eux ; cela vous fera évoluer.

LE POUVOIR DU DHIKR

Le Dhikr est quelque chose de très spécial en Islam. Nos lèvres sont constamment en mouvement et se rappellent Allah SWT à l'occasion de rentrer dans notre voiture, de travailler, d'aller au lit, de manger, de boire, d'accueillir nos hôtes ou de prier. Dans tous ces moments, vos lèvres bougent, dans le rappel d'Allah.

Donc, rappelez-vous Allah constamment; c'est le pouvoir du Dhikr. Il est notre Seigneur qui nous pourvoit. Quand vous avez ce rappel constant, il est très difficile d'éprouver de la peur, de la confusion dans vos prises de décision. Si vous êtes pressés, alors que vous travaillez pour atteindre votre réussite et votre rêve, souvenez-vous d'Allah.

Le Dou'a a le même pouvoir. Vous êtes constamment en contact avec Celui qui pourvoie et dont le pouvoir englobe tout. Une chose qui nous différencie des non-musulmans est qu'ils croient que leur succès leur est dû; qu'ils doivent leur succès à eux même et combien ils ont travaillé, etc. Mais les entrepreneurs musulmans savent que leur succès ne vient pas uniquement d'eux. Ils attribuent cela d'abord et surtout à Allah et ensuite peut-être leurs parents et leurs familles. Vous verrez que les entrepreneurs musulmans ont un lien très proche avec leurs familles, spécialement leurs parents. Vous les verrez en train de les aider et de beaucoup les louer.

Une chose que j'ai remarquée chez M. Salim Siddiqi est son amour grandiose pour son père. Il se souvient de se réveiller la nuit et de voir son père prier. Le père était un homme d'affaires.

Cela lui a donné la vision et le rôle modèle dont il avait besoin pour devenir un homme d'affaires lui-même. On sent aisément l'amour qu'il a pour ses parents. Une grande quantité d'humilité et d'admiration pouvait se lire sur lui quand il louait son père. Il se souvint de lui comme une personne non dispersée, intelligente et vive.

Qu'est-ce que cela vous dit ? Le succès ne dépend pas uniquement de ce que nous sommes et de ce que nous réalisons. Ce que nous sommes est le résultat de ce que nos parents nous ont donné : l'affection, l'éducation et la religion qu'ils nous ont données. L'entrepreneur musulman possède cet équilibre que je n'ai jamais vu ailleurs.

PRINCIPE IX

COMPETENCES
ESSENTIELLES

1

SOYEZ OUVERT AUX SUGGESTIONS

LE MAITRE DE FIBONACCI

On va discuter de deux sortes d'«éducation» : les éducations théorique et pratique.

Premièrement, il y a l'éducation pratique. Elle est informelle et connue sous le nom de débrouillardise. Vous pouvez l'acquérir en commençant votre propre business.

Pour acquérir une éducation pratique, commencez donc votre entreprise le plus tôt possible. Faites quelque chose à petite échelle. Tournez par exemple votre passe-temps en véritable business. Acquérez cette connaissance informelle et apprenez comment commencer votre petit business. Quand j'étais à l'école secondaire, je me faisais de l'argent en vendant des bandes dessinées.

C'était très profitable. Après, je me suis mis à vendre des livres de mathématiques ; c'était encore plus profitable. Ce petit profit m'a aidé à acquérir le talent entrepreneurial. Ce genre d'expérience peut vous servir énormément dans vos transactions commerciales.

Il y a ensuite le savoir théorique que vous acquerrez à l'école ; il peut aussi vous être utile. Dans la tradition islamique, le savoir a toujours été une ressource clé aussi bien pour les marchands que pour les religieux.

Le savoir religieux ne se limite pas uniquement au savoir sur la jurisprudence religieuse ; il peut englober les sciences de la nature, la philosophie, les affaires, etc. Le savoir que vous acquerrez à l'école peut dès lors être important et conforme à la religion s'il est utilisé de la bonne manière. Par exemple, il est connu que quelqu'un comme Leonardo Fibonacci le mathématicien italien de renommée internationale du 13e siècle a introduit l'algèbre et les systèmes d'équation en Occident. Mais d'où lui vient son éducation ? Des centres islamiques qui se trouvaient en Algérie ; le père de Fibonacci y vécut.

A cette époque, l'endroit était une ville portuaire active et animée. Le père de Fibonacci se rendait souvent dans cette région d'Algérie dans le cadre de son commerce. Fibonacci y apprit l'algèbre et emporta sa découverte en Europe. C'est comme cela qu'aujourd'hui on use toujours des nombres de Fibonacci. En tant que mathématicien, je les ai appris en 1re année d'université. Donc le business et le savoir sont liés dans le système éducatif islamique. Après tout, les deux principaux centres de toute cité musulmane sont les Masajid (mosquées) et les Souks (marchés).

Pour cette raison, la lecture et l'écriture ont toujours été importantes pour les musulmans. Elles sont nécessaires pour le commerce. Ces compétences étaient voulues pour pouvoir écrire les contrats d'affaires.

Souvenez-vous : l'utilité de la connaissance théorique peut être limitée. Le savoir pratique vous aidera plus dans le long terme bien que cela ne vous coûte rien d'avoir les deux.

COMMENT ETRE OUVERT
AUX SUGGESTIONS ?

Soyez ouvert. Le premier pas est d'être ouvert à recevoir des suggestions. C'est sur ce point que l'humilité joue un rôle. En Islam, il vous faut demander sincèrement de l'aide et de la guidée, d'abord et surtout d'Allah.

Il faut aussi être ouvert aux suggestions et admettre que vous ne savez pas. Des fois vous ne savez vraiment pas ce que vous ne savez pas. C'est-à-dire vous pourriez penser que vous savez quelque chose, mais une fois que vous commencez à l'explorer, vous vous rendez compte de votre erreur. Disons que je veuille commencer à vendre des maisons et que je pense que c'est facile. Je ne sais vraiment pas si je ne l'ai jamais fait. Je ne sais même pas ce dont j'ai besoin de savoir pour réussir. C'est en ce moment que vous avez besoin d'un mentor qui va guider vos pas vers le succès. On a parlé de mentorat auparavant.

Ayez le courage de demander. Le Coran nous exhorte à être humbles : «ne marchez pas sur la terre de manière hautaine». Au contraire, soyez humble parce que vous ne pourrez dépasser les montagnes ou fendre la terre.

C'est ce que vous verrez dans la pratique du Prophète SAW. Il consultait ses compagnons en premier dans la plupart de ses actions. Que ce soit au sujet d'une expédition ou quelque chose qui engage la communauté ; il demandait des conseils. Même dans les intrigues familiales, comme ce fut le cas quand sa femme fut faussement accusée d'adultère ; il demanda conseil. Le demander est un signe de force de caractère, c'est un signe d'intégrité. Ça montre que la personne n'a rien à cacher. La vie du Prophète SAW était transparente.

Quand vous travaillez en tant qu'entrepreneur ou en tant que leader de votre communauté, vous devez demander conseil aux gens avec qui vous travaillez et aussi aux gens qui ont plus d'expérience que vous. Allah dit de demander à ceux qui savent si vous ne savez pas.

C'est l'une des choses qui m'a motivé pour écrire ce livre. Je ne savais pas comment certains entrepreneurs musulmans devinrent aussi prospères. Ils devinrent des leaders d'une très grande envergure dans leurs communautés respectives. Donc puisque je ne savais pas, j'ai demandé et ce livre est la réponse qu'ils m'ont donnée.

AIGUISEZ VOTRE EPEE

En tant qu'entrepreneur, vous avez besoin d'expérience. Des fois, il est sage d'avoir quelqu'un qui vous montre le chemin. Vous devez choisir l'employeur qu'il faut et y aller avec la bonne intention. Vous devez apprendre les rouages du business avant de vous lancer à vous seul.

Beaucoup d'entrepreneurs que j'ai interviewés ont commencé leur carrière en tant qu'employés. Ils devinrent prospères en suivant leur propre chemin à un stade plus avancé de leur vie.

Voyez-vous, vous êtes réellement en concurrence avec vous-même et ne l'êtes avec personne d'autre. Vous êtes en compétition avec la meilleure personne que vous pouvez devenir. Si vous avez la bonne intention, alors vous pouvez trouver les personnes qui vont vous aider le plus. C'est cela la compagnie qu'il vous faut ; une compagnie qui vous cultive et vous permet de développer vos compétences.

Dr Mirza commença sa carrière en tant qu'enseignant et a aussi fait d'autres petites carrières. Mujeeb Ur Rahman commença sa carrière en travaillant pour son père. Beaucoup d'entrepreneurs étaient déjà dans le business familial. Ce qui les a aidés à faire directement la transition dans leur propre business. Même s'ils travaillaient avec leurs parents ou grands-parents, le point que je veux souligner est qu'ils ont travaillé pour quelqu'un d'autre.

Si vous voulez apprendre comment vendre, alors travaillez tout simplement pour quelqu'un qui est engagé dans la vente. C'est comme cela que vous allez apprendre cette compétence.

M. Aliko Dangote, l'homme le plus riche de toute l'Afrique, s'il n'est l'entrepreneur musulman le plus riche, a souvent dit qu'il avait beaucoup appris de son grand-père maternel, qui fut à son époque l'homme le plus riche du Nigéria. Qu'est-ce que cela vous dit ? Cela vous dit quelque chose des compétences requises pour le business : nous ne sommes pas nés avec ces compétences, mais nous les développons.

Donc vous devez être un employé intelligent. Si vous êtes comme la plupart des gens, vous pourriez chercher un travail pour des raisons financières, économiser et avoir de quoi commencer votre propre business. Quelle que soit votre raison, choisissez quelqu'un qui va vous éduquer progressivement et développer cette compétence. Même si c'est une petite firme, vous pouvez apprendre comment investir concrètement, bâtir une compagnie et travailler de manière efficiente. Plus tard, ces compétences seront les bienvenues quand vous commencerez votre business de vous-même.

POURQUOI ACHETE-T-IL ARSENAL ?

Docteur Abdullah Idris Ali, un soudanais d'origine, est très adroit dans sa manière de traiter les gens. Il sourit beaucoup bien qu'il dirige plusieurs compagnies affiliées à son organisation, dont une école.

Il sert comme président de l'ISNA du Canada, la plus grande organisation islamique de la région. A travers l'ISNA, Dr Abdullah Idris Ali est en contact avec le public, les autorités politiques, les investisseurs, et bien sûr la communauté musulmane.

Ce qu'il pratique est inspiré du trait de caractère du Prophète SAW surtout quand il s'agit de traiter avec les plus jeunes et les plus âgés. Le Prophète SAW traitait avec des jeunes et des vieux tout en restant très accessible. Il faisait cela malgré sa position et ses responsabilités. Pour diriger votre business, vous deviez acquérir cette compétence. Parce qu'en fin de compte, vous êtes le leader du business, donc vous devez inspirer les gens qui travaillent avec vous. Inspirez-les à faire les actions qu'il faut et à mener les bonnes activités.

Deuxièmement, si vous voulez influer sur la décision de votre client et faire en sorte qu'il achète votre produit ou service, donnez à votre compagnie une image de grande marque.

C'est l'une des choses que M. Aliko Dangote a très bien réussies. Avec une fortune personnelle estimée à plus de 20 milliards de dollars, M. Aliko s'est aussi fait une marque personnelle. Avec quoi est-elle associée? Le nom Dangote est associé à la fortune dans toute l'Afrique. Tout est fait pour renforcer ce label. Quand il prend une décision, elle est forte et les gens peuvent y croire. Il est même engagé à acheter le fameux club anglais Arsenal FC. Cela sert à montrer le succès économique du Nigéria à travers le monde.

Souvenez-vous, les clients, les gouvernements, les investisseurs veulent tous la familiarité. Ils ne veulent pas d'un étranger qu'ils ne connaissent pas. Se faire une marque, c'est créer cette familiarité. Si votre réputation n'est pas bonne, vous allez non seulement perdre vos clients, mais ils ne vont pas vous donner les recommandations dont vous aurez besoin. Si vous avez un nom qui pèse, les gens reviendront vous voir encore et encore.

On le voit tout le temps avec les marques de vêtement à succès. Les gens sont prêts à payer le prix fort pour les bonnes marques. Une personne va payer une BMW juste parce que c'est connu comme l'une des meilleures marques de véhicule. Se faire une marque est une clé pour inspirer les gens.

2

LES COMPETENCES CLES DANS LES AFFAIRES

SPECIALISEZ-VOUS

La connaissance est clé pour une entreprise à succès. Comme nous l'avons vu, vous pouvez avoir une connaissance spécialisée ou générale.

Maintenant, vous vous devez de développer une connaissance spécialisée qui va vous permettre de devenir un expert et un maître dans votre domaine.

Si vous donnez un service, que ce soit en tant que comptable ou dans l'immobilier, utilisez les exemples concrets étayés dans ce livre pour vous rappeler que vous pouvez devenir riche pratiquement dans tous les domaines. Vous le serez du moment que vous faites bien le boulot avec un niveau de professionnalisme très élevé et que vous organisez votre travail de la meilleure manière.

Dr Ike Ahmed, un des meilleurs spécialistes de l'œil du monde, incarne ce principe. Toujours dans sa trentaine, il est leader dans le traitement chirurgical du glaucome. C'est un domaine très pointu qui demande beaucoup d'expertise. Et pourtant, ce domaine génère plus de 6 milliards de dollars par année dans la profession médicale à laquelle il participe.

Après tout, c'est la deuxième cause de cécité. Dr Ike a découvert que la méthode traditionnelle de collyre ou de chirurgie appliquée par les autres médecins ne donne pas une cure suffisamment efficace. Il est devenu pionnier dans le traitement alternatif.

Donc ce que vous voyez chez les personnes à succès est qu'ils se spécialisent dans un domaine. Vous restez dans ce domaine jusqu'à ce que vous en acquériez la maîtrise. Cela peut demander des années d'expérience, mais cela en vaudra le coût.

C'est pour cela que j'ai souvent vu des entrepreneurs tourner leurs passe-temps en opportunités. Ils font ce qui les passionne et il est plus facile pour eux de s'engager dans l'activité commerciale de cette manière. Vous aussi pouvez faire de même.

L'une des personnes interviewées, Dr Zahoor Qureshi aimait beaucoup fabriquer et vendre des cartes de vœux. C'est quelque chose qu'il a appris de son père. Cette passion tourna éventuellement en un business à temps plein qui générait annuellement plus d'un million de dollars. Cela montre que vous pouvez vraiment bâtir quelque chose de grandiose juste à partir d'un passe-temps. Le business de Dr Zahoor lui a fait gagner une bonne poignée d'argent parce qu'il avait de la passion tout au début. Il a même abandonné son boulot quotidien qui était très bien payé pour s'occuper de son entreprise à temps plein. Cela lui permit de gagner encore beaucoup plus. Il réalisa qu'il ne pourrait jamais gagner autant en travaillant pour une autre personne.

VOTRE PREMIERE RESSOURCE

En tant qu'entrepreneur, vous aurez à traiter avec des gens constamment qu'ils soient clients, employeurs, employés, investisseurs, membres de votre famille ou membres de la société en général. Vous traitez constamment avec les gens.

Une des choses que j'ai vues chez les leaders exceptionnels du monde des affaires ou de la communauté en large, c'est qu'ils utilisent les talents tirés de leur position de leader pour prospérer. Ils sont vraiment bons quand il s'agit de se tisser des relations.

Dans le cas de M. Nazir Ahmed, sa technique n'était pas de se joindre à des clubs d'investissements. Ceux-ci sont bons pour les entrepreneurs qui commencent pour gagner des contacts. Mais dans le long terme, les contacts personnels déterminent tout. Vous devez connaître personnellement les gens avec qui vous travaillez. Rendez leur visite de sorte à gagner leur confiance et faire du bon business avec eux. Les relations à long terme sont pour les gagnants.

Dans l'expérience de M. Nazir Ahmed, il favorise toujours les connexions personnelles. Il siège au conseil d'administration de plusieurs compagnies, ce qui lui permet d'aider les compagnies multinationales en plaçant des gens qu'il faut en face d'eux. Il le fait très bien, car il connaît ce milieu. Ces genres de relations se développent cependant sur une période de plusieurs années et se tissent à travers les contacts personnels. Donc, développez-les.

Une autre manière de développer ses compétences sociales est par le développement d'une culture saine dans votre compagnie.

Prenez l'exemple de Mme Oumou Ndiaye, la fondatrice très prospère d'une compagnie qui fait des logiciels de management et de gestion des douanes au Sénégal. Elle fait sentir à ses employés que la compagnie leur appartient. Chaque fois qu'elle voit la femme de ménage, elle s'assure de lui faire sentir que la compagnie lui appartient. Cela fait que l'employé se sente spécial et éprouve un sens profond d'appartenance à la compagnie.

La culture d'entreprise veut tout dire. Si la culture de votre entreprise est négative et exploitante, et vous y êtes employé, évitez d'en faire partie dans le long terme.

En tant qu'entrepreneur, créez une culture de compagnie qui encourage les gens à percer. M. Rizvee m'a donné un exemple de comment il choisit ses employés. Il s'entretient avec le candidat plusieurs fois, en donnant des scénarios tests juste pour voir comment ils réagissent et comment ils prennent des décisions. Pour lui, ces choses sont très importantes. Il n'est pas hors du commun pour M. Rizvee d'interviewer dix à vingt candidats voire plus pour juste en choisir un seul. C'est parce qu'il apprécie combien il est important de connaître les gens avec qui vous travaillez. Ils sont votre première ressource. Ils sont les plus importants.

Les gens parlent d'investissements, d'argent, etc., mais la première ressource est véritablement le capital humain. Vous devez bien les traiter afin qu'ils prospèrent. Permettez à vos partenaires et employés de grandir et utilisez leur créativité pour faire avancer votre compagnie; vous allez prospérer énormément de cette manière.

LE BUREAU DE MAISON

Apprenez à fructifier votre argent et à développer votre business. Tout ce que vous ne savez pas à ce sujet, apprenez-le.

Une des manières de le faire est d'investir dans la société autour de vous. J'ai appris cela de plusieurs entrepreneurs que j'ai interviewés, dont Dr Athar Khatib. Il commença son propre business à partir de son salon avec sa femme. Il dirige une clinique à succès dont la clientèle comprenait des hautes personnalités, parmi elles, le sultan de Brunei.

Son cabinet de chirurgie ophtalmologique jouit d'une pareille renommée. Pourtant, malgré le calendrier chargé de Dr Khatib, il prend le temps d'assister à des cérémonies de remise de prix dédiées aux élèves du secondaire de l'école de la mosquée du quartier. Il fait ceci pour récompenser le mérite et la réussite de ces élèves, et éventuellement de toute la communauté.

Maintenant, vous aussi devez aider votre communauté particulièrement ceux qui sont pauvres. C'est très encouragé en Islam ; aidez les besogneux. A ceux qui donnent pour sa cause, Allah promet une récompense non seulement dans cette vie présente, mais aussi dans l'au-delà.

Deuxièmement, vous devez comprendre que le rendement le plus fort pour un investissement est de diriger votre propre entreprise, pas la banque, pas autre chose. Le meilleur investissement est celui que vous faites sur vous en tant qu'entrepreneur. Donc, vous devez croire en votre produit et aller de l'avant avec cette croyance. Quand l'argent vient, réinvestissez-le, pour que cela grandisse plus vite. Il est très important de réinvestir votre argent, car beaucoup de gens échouent dans le monde des affaires quand leurs fonds s'épuisent et qu'ils sont incapables de trouver un investisseur.

Troisièmement, il est très important de garder vos coûts opérationnels très bas.

Comme vous l'avez vu à travers ces histoires, certains entrepreneurs musulmans font des économies juste parce qu'ils commencent leur business chez eux, dans le sous-sol de leur maison. Combien pensez-vous que ça leur a coûté de commencer un business dans leur propre maison, d'utiliser leur propre téléphone et de s'auto-employer ? Cela ne coûte presque rien de commencer un business comme cela. Souvenez-vous-en ! Gérer son argent est très important pour pouvoir grandir son entreprise.

Dr Miles Davis, un Professeur d'entrepreneuriat confirme avec sa propre recherche que beaucoup d'entreprises échouent par manque de fonds. L'investissement n'y était pas. Donc, soit vous avez assez de fonds ou bien vous commencez le business d'une manière qui minimise vos dépenses. Faites-le vous-même sans employer quelqu'un. Au début, faites-vous même ce qui est nécessaire pour faire grossir l'entreprise.

LA FRANCHISE

Il ne s'agit pas juste de commencer le business ; il s'agit aussi d'avoir la bonne structure.

N'embauchez pas plus que ce qui est nécessaire, surtout au tout début. Il suffit tout simplement de satisfaire les besoins du marché. Ne suivez pas aveuglément ce que les autres font. Par exemple, avoir des employés avec des tenues luxueuses avant que vous ne puissiez payer leurs salaires. Au lieu de cela, concentrez-vous sur votre activité génératrice de profits et investissez-vous dedans.

Il faut aussi beaucoup d'humilité pour dire : «vous savez quoi ? J'ai une maison et je veux juste commencer mon activité dedans, sans avoir à louer un bureau».

En fin de compte, avoir un business n'est pas relatif à quoi vous ressemblez ou quelle voiture de luxe vous conduisez. Bien sûr, l'apparence est importante ; soyez présentable, mais il ne suffit pas seulement d'éblouir avec ses biens. C'est le contenu qui importe le plus. Ce qui compte pour le client, c'est le service.

M. Rizvee est un exemple. Deux ans après avoir commencé son entreprise qui générait déjà plusieurs millions de dollars, il gardait humblement sa Toyota Corolla. Quand j'ai rencontré Com Mirza, j'avais une veste et des chaussures bien cirées, mais l'homme de 33 ans qui valait plus d'un demi-milliard de dollars portait un tee-shirt polo, et conduisait une Toyota Corolla. Il me rassura plus tard que sa Rolls Royce était garée sous le Burj Khalifa le plus grand gratte-ciel du monde qui domine Dubai.

Maintenant, revenons en à la correcte structure. Vous devez être ouvert à déléguer. Une des choses que M. Rizvee me demanda de considérer était ceci :

> « Combien de gens puis-je manager de près en un jour ? »
>
> - Azim Rizvee, CEO Minmaxx Realty Inc.

Pas beaucoup, n'est-ce pas ? Juste une personne ! Donc, en fin de compte, vous devez avoir confiance en vos employés. Vous ne pouvez pas contrôler chaque activité qu'ils font.

Mais vous pouvez au contraire, garder un certain niveau de contrôle en recrutant les bonnes personnes, en trouvant les bons contacts et vous pouvez partir de cela.

Le business modèle de M. Rizvee est de permettre à ses employés de devenir entrepreneurs eux-mêmes. Il les laisse avoir leurs propres bureaux de vente. Il profite énormément de cette façon. En permettant à l'employé de devenir entrepreneur de son propre gré, il conduit son business presque comme une franchise. C'est une stratégie que vous rencontrerez aussi en marketing de réseau, une industrie qui utilise elle aussi la technique de franchise.

FAITES CE QUI EST JUSTE

Quand vous dirigez votre entreprise, vous devez vous concentrer sur les choses qui vous rapportent le plus. On a démontré auparavant comment la vente est l'activité la plus importante. L'argent y est. S'il n'y a pas de produit ou de service vendus, alors, il n'y a pas de valeur créée dans votre compagnie. Consacrez la majorité de votre temps dans une activité génératrice de revenus.

Passons à présent à l'étape supérieure. En tant que propriétaire de business, vous serez souvent appelé à prendre des décisions dures. Vous devez vous demander : comment est-ce que je le sens ? Si vous sentez que c'est bien pour vous, pour votre compagnie, et cela vous semble bien moralement, c'est-à-dire du point de vue islamique, alors c'est la bonne chose à faire. Si c'est en plus, dans l'intérêt de votre famille, alors allez-y.

C'est par ce biais que vous devez prendre vos décisions. C'est ce que j'ai appris de M. Rizvee : « Sachez que c'est la bonne chose à faire ; procédez donc. Les gens vont être jugés par leurs actions après tout et non par leurs paroles. »

Souvenez-vous qu'en bougeant massivement, vous pouvez réellement créer un grand élan positif. Par exemple, il y a un concept qui circule qui dit que pour faire du business vous devez avoir un bureau et une belle voiture. Non ! Aucun des deux n'est essentiel pour faire du business. Le business est juste une transaction entre vous et le client. Il n'y a pas besoin de bureau. Vous pouvez en avoir un plus tard, une fois que vos affaires marchent. Concentrez-vous donc sur ce qui est important, c'est-à-dire le client.

Dr Zahoor Qureshi nous a appris qu'il ne faut jamais compromettre la qualité. Quand il était en train de bâtir son business de cartes de vœux, il arrêtait toute la ligne de production si son produit avait la moindre imperfection. Il ne tolérait pas d'introduire un mauvais produit dans le marché parce que cela ternirait sa réputation. En plus ce n'est pas la bonne chose à faire. Il investissait donc pour avoir les meilleurs designers. Certains de ses designers travaillaient pour des labels internationaux et il commissionnait uniquement les meilleures idées.

Ne promettez pas trop ; lord Nazir Ahmed le dit :

«Vous devez être honnête.»

- Lord Nazir Ahmed, House of Lords UK

Ce que vous donnez, c'est ce qui va vous revenir et des fois cela vous revient multiplié. Vous récoltez ce que vous avez semé, que ce soit en bien ou en mal.

Nous pouvons étudier à travers le vécu de lord Nazir qu'il avait très clairement récolté le bien qu'il avait semé. Il dit à l'un de ses clients exactement ce qu'il allait recevoir avant même de faire la transaction. Ce client était sikh et était venu acheter de lui une boutique. Lord Nazir savait que la boutique faisait plus de 15 000 £ en chiffre d'affaires mensuel. Pourtant, à titre conservatif, il dit au client que la boutique faisait vers les 7 000 £. Le monsieur revint le voir par la suite et dit que cette boutique fait plus de 10 000 £ en chiffres d'affaires. Les deux partis y gagnèrent. Il avait estimé la boutique avec un chiffre plutôt modeste, alors que cette dernière valait plus en réalité. Quand l'acheteur de la boutique découvrit que la vraie valeur était plus grande que l'estimation initiale, il fut satisfait.

Il ne s'agit pas juste de tenir un beau discours, il faut aussi passer à l'action. Les gens deviendront riches s'ils font la bonne chose. Si vous roulez votre client dans la farine, il ne reviendra pas. Considérez les décisions qui procurent une qualité de service optimale dans le long terme pour réussir.

3

APPRENEZ A CONNAITRE VOS CLI-ENTS

DE L'ARGENT QUI VIENT DU VIDE

Le commerce a été mentionné dans le Coran. C'est véritablement l'une des rares professions à être mentionné explicitement. Allah dit qu'Il a rendu le commerce licite. Ceci est une forte exhortation à commencer une entreprise et d'être un entrepreneur musulman.

Il est aussi connu que la vente fait rentrer l'argent, soit l'argent d'un client, du marché financier ou même d'un autre business. Quoi qu'il en soit, vendre requiert un transfert d'argent. Donc, il est logique d'apprendre à vendre et à négocier.

Dr Mirza me dit qu'il a appris l'art de la vente de son grand-père et de son père. Une des choses les plus importantes qu'il a apprise dans le commerce est l'art de la négociation.

Quand vous parlez à un investisseur potentiel comme Dr Mirza, il vous faut montrer que vous êtes assez compétents pour préserver le capital qu'il investit et pour délivrer de grands résultats. Vendre est véritablement la porte d'entrée vers le succès. Dans toute entreprise, vous trouverez que certains professionnels les plus payés sont en réalité des vendeurs.

Qui croyez-vous, fait le plus d'argent : le chirurgien qui est vraiment spécialisé dans son domaine ou le vendeur qui vend les machines onéreuses que l'hôpital utilise ? Vous l'avez deviné ! Le vendeur gagne le double de ce que le docteur perçoit. Donc qui est plus valorisé par les compagnies ? Le bon vendeur. Cela veut dire qu'en tant que chef d'entreprise, vous prospérerez une fois que vous apprenez à bien mener une vente.

Cela fut la profession du Prophète SAW. Il vendait dans sa jeunesse. Il y a une tradition islamique qui dit que 90 % de votre Rizq vient du commerce (il faut noter que l'authenticité de ce hadith est contestée, mais le sens y est). C'est pour cela que si vous voulez devenir riche, vendez.

Comprenez qu'en tant qu'individu, vous êtes constamment en train de vendre. Même si vous travaillez pour quelqu'un au début, vous êtes en train de vendre vos compétences. Vous devez convaincre le chef d'entreprise qui veut vous employer qu'il est en train de faire un bon investissement en temps et en argent. Vous embaucher n'est pas un acte de charité. C'est de la vente, vous vendez vos compétences.

Si vous êtes un parent, un père ou une mère, vous vendez le bon comportement et la bonne moralité à vos enfants en leur apprenant à respecter leurs prières par exemple. Le devoir d'un bon parent est de convaincre son enfant à bien faire pour lui-même. C'est une composante essentielle du succès. Vous devez être attrayant et convaincant.

C'est pour cela que j'ai trouvé que beaucoup de leaders du business sont persuasifs quand ils discutaient avec moi de la vision de leur compagnie. Parfois, je voulais même acheter tout de suite des parts de leur business parce qu'ils transmettent si bien ce qu'ils font. Ils rendent leur business tellement attrayant.

Donc, apprenez à vendre. Et comment allez-vous apprendre ? Par la pratique.

COMMENCEZ A FAIRE DU MARKETING

Vous êtes toujours en train de faire du marketing (de la publicité). Faites de la pub pour vous-même ; nous en avons parlé précédemment. Apprenez aussi à faire de la publicité pour votre business, pour votre produit, de la meilleure manière possible. Apprenez et adoptez les meilleures pratiques dans votre marché.

Tout commence avec vous. Il vous faut avoir une bonne image de vous même. Je me rappelle avoir interviewé le propriétaire de REDCO, M. Mujeeb Ur Rahman. Une des choses qu'il a soulignées est qu'une personne devrait prendre soin d'elle-même.

Elle devrait bien se présenter, bien s'habiller. C'est quelque chose que j'ai vu chez tous les entrepreneurs musulmans que j'ai interviewés. Ils sont méticuleux par rapport à leur image comme nous l'enseigne la Sounnah du Prophète SAW. Si vous en avez les moyens, montrez-le à travers votre style de vie.

Cheikh Said Rageah me dit : l'un des principes de l'Islam est d'être reconnaissant envers Allah. Si vous êtes prospère, et financièrement aisé, montrez-le extérieurement. Cela fait partie de la reconnaissance envers Allah pour les faveurs qu'Il vous données. C'est une bonne chose de ne pas cacher les faveurs dont vous êtes bénies. Cela met aussi les autres personnes au courant de votre situation favorable. Donc en cas de besoin, ils pourront vous demander.

Une des meilleures façons d'apprendre le marketing et la fabrication d'une bonne image publique est le voyage. Apprenez des autres. Allah dit :

« Nous vous avons créé d'un mâle et d'une femelle et nous avons fait de vous des nations et des tribus de sorte que vous vous connaissiez l'un l'autre. »

- Al-Qour'an, Surah Al-Houjourat, Ayah 13

Cet Ayah nous encourage fortement de sortir de nos cocons et d'apprendre des autres. C'est ce que les Sahabas ont fait. Et jusqu'à ce jour, vous verrez des entrepreneurs musulmans qui immigrent de l'Asie pour aller au Moyen-Orient, en Amérique ou en Afrique de l'Est, loin du pays natal. Ils apprennent des expériences des gens autour d'eux, voyagent à travers le monde et bâtissent ce qu'ils doivent bâtir.

Dans le passé, les musulmans ont appris des leaders de différentes sortes de sociétés. Ils ont appris des Indiens, des Perses, des Grecs, des Éthiopiens et des Européens ; ils ont appris de tous ces peuples et ont énormément enrichi leur propre civilisation. Donc beaucoup de bonnes choses proviennent de l'acte de voyager dans le monde. Beaucoup de bonnes choses naissent du voyage.

M. Rizvee me dit que des fois, il s'en va et voyage pour apprendre comment donner la meilleure expérience qu'il peut à son client. Le client est la finalité ; vous méritez de leur donner la meilleure expérience possible.

Pour apprendre à donner un service client de haute qualité, M. Rizvee visita Dubai et logea dans le seul hôtel 7 étoiles du monde entier. Son enfant subit une petite blessure là-bas et ils durent appeler un docteur. Mais l'hôtellerie le fit pour eux. Le docteur se rendit à l'hôtel et frappa jusqu'à la porte de leur chambre et traita l'enfant sur place. Ils furent en mesure de continuer leur journée sans payer de facture supplémentaire. Pour un appel similaire d'un docteur dans un hôtel 5 étoiles, disons en Suisse, ils devaient payer 500 euros. Voilà la différence entre un hôtel 7 étoiles à Dubai et un hôtel 5 étoiles en Europe. L'un donne un niveau de service très supérieur. C'est l'un des meilleurs standards de service du monde.

C'est ce que vous devez faire pour votre business. Donnez à votre client la meilleure expérience possible. Cela va faciliter leur achat. Souvenez-vous que si vous voulez que les gens vous donnent leur argent, vous devez offrir quelque chose qui a plus de valeur que ce que le reste du marché propose.

POUVEZ-VOUS AVOIR DES AFFINITES?

Pour des raisons commerciales, vous devez savoir ce dont votre client a besoin. Parlons de la perspective islamique sur ce point. De tout temps, les meilleurs marchands identifiaient les besoins du client avant d'effectuer une transaction. C'est comme cela que vous allez faire une grosse fortune. Pour vous, que vous soyez dans des domaines aussi variés que le business en ligne ou le commerce des matières premières, identifiez ce dont votre client a besoin et remplissez ce besoin.

Comme entrepreneur, tout ce qu'on fait, c'est transférer de la valeur dans le marché. C'est pour cela qu'il est sage de dire que le client vient en premier. Encore une fois, nous apprenons de monsieur Rizvee que vous devez traiter chaque client comme s'ils allaient être les derniers clients que vous allez avoir. Traitez-les comme des rois et des reines. Offrez-leur une valeur maximale.

Pourquoi? Parce que ce client n'est pas juste un seul client, il pourrait représenter 100 clients pour vous dans les années à venir. Ce qui pourrait se passer, c'est que ce client satisfait pourrait vous recommander à 2 autres qui pourraient vous recommander à leur tour à 5 autres, ainsi de suite. Une croissance exponentielle en résulterait vraisemblablement et ils pourraient continuer à être vos clients à vie.

Disons qu'un courtier immobilier de première classe comme M. Rizvee réussisse à satisfaire son client avec l'achat de sa nouvelle maison. Ils vont continuer à revenir vers lui et à utiliser ses services. Ce n'est pas quelque chose qui se passe une seule fois. Comme certains le font : ils gagnent une fois et disparaissent de la vue. Vous devez donner plus de valeur de sorte que les gens puissent revenir vers vous.

En tant qu'entrepreneur, ce fait devrait vous motiver à faire suite à votre client : c'est ce que les meilleurs font. Vous faites une vente et faites suite à votre client. Vous leur pourvoyez plus de services et leur donnez le meilleur. Vous leur faites ensuite savoir ce qu'il y a de nouveau et ce qui pourrait correspondre à leurs besoins. Vous êtes constamment engagés à servir le client de cette manière. Lisez plus sur le marketing pour apprendre à faire cela.

Il est aussi important de réaliser que la vente est un transfert de croyance. C'est pour cela que vous allez vous sentir tellement bien quand vous développez une affinité avec votre client potentiel. Si vous croyez que votre produit est bon et que votre client en a réellement besoin ; si vous fournissez ensuite ce service, vous obtiendrez un client satisfait. Ce que vous avez fait est par essence un transfert de croyance. Cette croyance est ce qui sous-tend l'échange d'un produit contre de l'argent. Vous devez considérer tout cela pour que la transaction soit réussie.

NE SPECULEZ PAS

« Ne pariez pas, OK? Ne pariez surtout pas ! »

J'ai entendu les dangers du pari chez Dr Yaqub Mirza qui n'investit pas dans les choses qu'il ne connaît pas. Ce n'est pas le genre d'investisseur qui risque toujours son capital. Dr Yaqub Mirza utilise toujours des techniques d'investissement solides après avoir étudié les fondamentaux des business dans lesquels il veut investir.

Il rassemble les capitaux d'investisseurs privés et se fait des commissions avec. Il fait cela très bien. Ses investissements ont grandi de plus de 13 % par année dans les dix dernières années. Cette performance bat presque toute sa concurrence en matière de croissance.

Dr Mirza excelle dans l'achat des entreprises privées. Il négocie avec des propriétaires d'entreprises en vue d'acheter leur business.

Le genre d'expérience Dr Mirza possède s'acquiert par l'action pratique et non pas par la théorie. Malheureusement, le système scolaire nous apprend juste cela : de la théorie. En ce sens, l'école a échoué dans sa mission éducative. Ce système ne convient pas à la plupart des gens qui aimeraient être entrepreneurs.

Ce qui était supposé nous donner de l'opportunité et un esprit ouvert a apporté la conformité chez des personnes qui travaillent dans un système déjà établi. Le système académique nous apprend à être averse au risque au lieu d'enseigner la prise de risque calculée.

Dans les mots de M. Rizvee, ne soyons pas soudoyés, c'est-à-dire ne faisons pas le travail de quelqu'un d'autre pour un bénéfice économique temporaire. Pourtant cela ne permet pas de bâtir une fortune qui dure. Vous verrez beaucoup de gens utiliser les banques pour faire des économies. Pourtant, comme nous l'avons vu, c'est dans votre propre entreprise que vos efforts porteront des fruits le plus rapidement.

Pour échapper à cette subornation, prenez des risques calculés pour établir vos propres institutions. La technologie vient fort heureusement à notre secours. L'internet a aplati le monde. Vous pouvez bâtir votre business un peu partout. Ceci est une opportunité ouverte importante. Si vous regardez dans le système éducatif, des écoles importantes comme Harvard sont en train de produire de plus en plus de bâtisseurs de business et des leaders dans tous les domaines que ce soit militaire, industriel ou journalistique. Les leaders de la société, ceux qui créent des institutions, y sont fabriqués.

Toutes les institutions que vous voyez autour de vous ont été créées par quelqu'un après tout. Et nous pouvons faire de même. Nous devons juste avoir la vision, l'éthique de travail et voir une opportunité pour créer un mouvement dans nos industries et communautés respectives.

De la même manière, vous verrez que la plupart des grandes institutions comme les grandes universités ont des fonds de dotation, se chiffrant souvent à plusieurs milliards de dollars. Mais à quoi servent ces fonds ? Ils sont classés dans des banques sûres. L'Islam n'encourage pas cela — il encourage la prise de risque calculée dans laquelle vous savez ce que vous faites.

Cela pourrait se traduire comme ceci : le riche pourrait devenir moins riche, et le pauvre pourrait devenir riche. Quoi qu'il en soit, l'opportunité reste ouverte à tout le monde. C'est par ce biais que l'Islam donne une meilleure voie pour tout un chacun qui cherche à faire fortune.

PRINCIPE X

STRATEGIES
POUR S'ENRICHIR

1

LA SAGESSE AVEC L'ARGENT

CREER PLUS DE SOURCES DE REVENUS

Dans les sociétés modernes, 90 % des gens ont un revenu actif. Cela veut dire qu'ils reçoivent une éducation académique ou apprennent une certaine compétence et l'appliquent pour travailler dans une certaine compagnie. Ils sont alors payés par mois, par semaine, ainsi de suite. Vous êtes payés une fraction de votre production basée sur la durée de temps que vous mettez. C'est cela la forme la plus populaire pour gagner un revenu. C'est un revenu actif. Les gens travaillent parfois entre les âges de 25 et 65 ans, sinon plus étant donné que de nos jours les gens vivent plus longtemps.

La seconde façon de se faire de l'argent est par le revenu d'entreprise. Ce revenu est de 2 types : le premier, c'est d'être engagé soi-même dans le business. Là, vous mettez votre propre labeur et êtes payés par vos clients ou par d'autres entreprises.

D'une certaine manière, vous êtes payés en termes de volume horaire. Un exemple serait un salon de coiffure, un restaurant ou un cabinet de comptabilité dans lequel les propriétaires utilisent leurs talents et leur expertise pour donner des services en échange d'un revenu actif.

C'est un revenu actif, mais ça reste un business. Vous pouvez devenir très riche en faisant cela. Maintenant, vous avez affaire directement avec le client. Si vous structurez votre business de la meilleure façon et utilisez les bons systèmes, vous pouvez faire suffisamment de revenus et gagnez en une heure plus que ce qu'un autre gagne en un jour. Beaucoup d'entrepreneurs que j'ai interviewés sont devenus millionnaires de cette manière. C'est un revenu de business actif.

Le troisième type de revenu est un revenu qui pourrait en premier sonner comme un rêve. C'est un revenu où vous n'avez pas à travailler du tout. C'est appelé revenu résiduel.

Quand les gens s'engagent dans des activités créatives comme écrire des livres ou produire des œuvres artistiques qu'ils vendent, que ce soit un enregistrement, une chanson, une sculpture, ils gagnent leur vie de manière résiduelle. Le revenu résiduel est la manière dont les propriétaires qui engagent des compagnies de management d'immobilier gagnent leur vie. C'est ce que les gens qui ont un brevet font. Ils déposent un brevet et laissent ensuite les autres gens utiliser leur brevet. Ils n'ont rien à faire après cela pour les prochaines vingt, trente, cinquante années. C'est un revenu digne d'un rêve.

Assurez-vous que lors de votre retraite, votre revenu résiduel est plus important que votre revenu actif.

C'est important parce que nos corps sont limités, on peut devenir malade, on vieillit, on a juste un nombre limité de jours dans l'année pour travailler. Donc, faites que votre revenu résiduel soit le plus fort possible. C'est ce dont nous allons parler ici.

Maintenant est-ce que ce genre de revenu est un nouveau concept? Voyez-vous, 90 % des gens au moins ont des boulots de nos jours, les musulmans y compris. Ce phénomène est global. Pourtant c'était différent dans le passé. Les gens avaient des bœufs, des moutons et des champs, des biens tangibles tels le sol, les minéraux, les armes. Ces choses tangibles signifiaient que les gens étaient en sécurité.

Et pourtant de nos jours on apprend à la plupart des gens à avoir des boulots pour être en sécurité.

Donc la source de revenus principale est active — c'est un revenu qui vient du travail. Le plus important pourrait venir d'une profession libérale. Cela pourrait être un docteur ou un avocat qui perçoit un gros salaire. Certaines personnes pourraient devenir riches de cette façon, mais ils doivent s'atteler au travail pendant un nombre d'heures très important.

Maintenant, si vous vouliez véritablement travailler de manière intelligente, alors bâtissez une fortune en augmentant votre revenu résiduel. Si vous vous lancez dans les affaires, pensez à transformer votre business et à le rendre résiduel de sorte que vous n'ayez pas à travailler 80 heures par semaine pour les quarante années à venir.

La plupart des gens travaillent de cette manière et espèrent un retour d'investissement et une forme de sécurité lors de la retraite. Et une fois à la retraite, leurs revenus sont coupés en deux.

Ou bien ils finissent par juste avoir 40 % de leurs revenus d'avant la retraite si on prend en compte l'inflation.

Pensez au revenu résiduel, c'est la première étape pour devenir fortuné.

La richesse résiduelle n'est pas nouvelle dans les sociétés islamiques. En effet, Allah parle de la richesse au même titre que les enfants. C'est parce que dans le passé, les revenus résiduels auxquels les gens avaient accès étaient leurs propres enfants. Donc vous vous mariiez dans votre dizaine et vous aviez assez rapidement des enfants. Au moment où les gens atteignaient la quarantaine, ils avaient une génération prête à les remplacer et à faire le travail pour leur permettre de se relaxer.

Ce modèle ne fonctionne probablement plus de nos jours parce que les gens ont moins d'enfants et se marient tardivement. C'est pour cela que le terme de revenus résiduels est très populaire. Au lieu d'avoir un revenu qui vient par les voies traditionnelles, les gens doivent travailler pour avoir un revenu résiduel.

Donc ce que vous pouvez faire c'est arranger votre business de sorte qu'il y est un revenu résiduel attaché. Ou bien vous pouvez faire un brevet, ou créer quelque chose. Vous pouvez aussi écrire un ouvrage, il y a une multitude de manières de procéder. J'attire votre attention à travailler juste sur la partie résiduelle de votre business.

Un bon exemple serait les espaces de parking. Si vous investissez dans ce domaine, vous collectez les petites sommes qui proviennent des utilisateurs année après année.

Pensez à d'autres moyens de vous faire un revenu résiduel. C'est l'une des principales manières de devenir très prospère.

EPARGNEZ, EPARGNEZ, EPARGNEZ !

Economiser est véritablement la première étape pour devenir fortuné. Si vous n'avez pas l'habitude d'économiser, alors il n'y a pas de grandeur en vous.

M. Mouhammad Salim Siddiqi a donné un conseil à l'entrepreneur musulman ou à quiconque essaie de se bâtir un succès durable. «Vous devez vivre selon vos moyens. Allah n'aime pas les gaspilleurs. »

Bâtissez votre entreprise en premier, utilisez votre argent pour bâtir votre business. Vous pourrez par la suite acheter tout le mobilier que vous voudrez ! Quand il bâtissait son business, il acheta une maison sans décor ni meuble et dormit à ras le sol. Il vécut de cette façon pendant 3 ou 4 années. Il vit à présent dans un manoir merveilleux qui coûte plusieurs millions de dollars MachaAllah !

C'est avec l'habitude d'économiser que vous allez gagner gros dans votre business. Maintenant, combien devriez-vous économiser ?

La plupart des savants avec qui j'ai parlé disent qu'il faut viser à donner 10 % à 33 % de vos revenus non inutilisés. Même si la Zakat représente juste 2,5 % de vos avoirs, vous devez viser à donner un tel pourcentage.

Cela représente une somme importante pour la plupart d'entre nous. M. Rizvee conduisait une Toyota Corolla jusqu'a très récemment quand il changea pour une Mercedes. Les gens pensaient que c'était une plaisanterie. En 2009, il devint le meilleur agent immobilier du Canada. Il était néanmoins très présentable, mais en réalité il sentit que la marque du véhicule n'était pas si importante que ça. Les gens veulent de la valeur.

Pensez-y de cette manière : si vous vendez la maison d'une famille, cela représente souvent leur actif le plus important. Si vous n'êtes pas formés adéquatement, vous pourriez ruiner leur condition financière. Donc il focalisa ses énergies pour maîtriser son travail au lieu de trouver des moyens de dépenser de l'argent. Etant donné le succès qui suivit, il peut maintenant dépenser comme il veut.

Il ne faut pas être avare non plus parce que cela n'attire pas la fortune non plus. Il faut être ni trop avare ni trop gaspilleur. Si Allah vous donne de la fortune, vous devez le montrer de sorte que les gens sachent que vous êtes dans une bonne situation. Il est déconseillé de vivre dans une maison délabrée si vous êtes millionnaire. Vous devez vivre selon vos moyens.

« Et quant à la faveur de ton Seigneur, proclame-le. »

- Al-Qour'an, Sourah Ad-Douha, Ayah 11

J'étais récemment dans une discussion sur ce point. Un des fameux entrepreneurs d'Afrique de l'Ouest était noté pour sa grande générosité.

Il utilisait souvent son jet privé pour aller à la Mecque et faire son Oumrah
ou la prière de Joummah (vendredi). Il est après tout l'homme le plus riche
d'Afrique avec une fortune d'environ 20 milliards de dollars américains.

Est-ce du gaspillage pour un entrepreneur musulman à succès ? Pas du tout.
Un jet privé représente à peu près un millième de son patrimoine. Pourtant
beaucoup de gens ordinaires sont connus pour dépenser un dixième de leur
patrimoine pour acquérir une nouvelle voiture.

Qui économise le plus ? Dans ce cas ci, c'est le milliardaire avec son jet privé !

DONNER, C'EST INVESTIR

Les entrepreneurs musulmans les plus prospères sont aussi les plus
généreux. Vous devez viser à devenir entrepreneur millionnaire non pas pour
les choses que vous pouvez acheter, tous les manoirs que vous pouvez habiter, toutes les voitures que vous pouvez conduire, toutes ces choses sont amu-
santes, mais vous devez viser à devenir entrepreneur musulman millionnaire
pour ce que vous donnez.

Ne laissez personne vous faire sentir coupable quand vous visez à devenir
riche. Si quelqu'un le fait, je le défie à donner autant que vous allez donner
une fois que vous serez riche.

Combien devriez-vous donner ? Je répète la suggestion de Imam Ashraf qui est basée sur la Sounnah du Prophète SAW — donnez 10 % si vous ne voulez pas que votre business s'affaiblisse, donnez 33 % et votre business n'aura d'autre choix que de grandir.

Cela concerne vos profits nets, ce que vous ramenez à la maison. Cependant, 33 % pourraient sembler intimidant, mais l'on sait que dans plusieurs pays occidentaux, les musulmans et les citoyens en général paient autant en taxes au gouvernement, des fois mêmes plus. Donc c'est très raisonnable. Tout dépend de combien d'argent vous voulez vous faire.

GERER L'ARGENT

Cela semble être la description des tâches pour un manager des actifs d'une entreprise Fortune 500.

Non, en réalité vous n'avez pas à être aussi important pour gérer votre argent. Vous avez juste besoin, disons de 100 dollars pour commencer. Commencez avec ce que vous avez. Je me souviens avoir appris à économiser de l'argent avec des petites sommes quand j'étais au Sénégal. Si vous le faites suffisamment longtemps, vous devenez assez riche. J'étais à un point où je pouvais même prêter de l'argent à d'autres personnes. Vous deviendrez assez riche si vous économisez quelques sous tous les jours.

Bien gérer votre argent est un état d'esprit. La question qui importe n'est pas : « Combien je gagne ? », mais plutôt : « Combien je garde ? »

Je voudrais que vous changiez votre état d'esprit pour passer de grand dépensier à grand économiseur. Demandez-vous «combien est ce que je garde?»

Gérer votre argent dépend aussi de combien vous investissez dans votre entreprise. J'ai interviewé beaucoup de personnes; la plupart ne conseillent pas de contracter des dettes juste pour financer le business. C'est quelque chose qui requiert de la prudence spécialement aujourd'hui avec les banques et l'usure. Car il est très stressant pour les gens de contracter des dettes. Certaines personnes pourraient réussir, beaucoup d'autres ne le font pas. Je ne le recommanderais pas surtout après avoir suivi les conseils des entrepreneurs musulmans à succès que j'ai interviewés. La plupart d'entre eux ont usé de fonds propres au début et, au besoin, ont plus tard levé des fonds.

LA MORT OU LES TAXES

Du point de vue islamique, la taxation est négativement vue. La majorité des savants disent que ce n'est pas islamique. Pourtant, vous devez garder à l'esprit que selon l'endroit où vous vivez, vous devez obéir aux lois du pays. Ceci est bien entendu la chose la plus intelligente à faire.

Dans ma première année de business, j'ai reçu 7 000 dollars pour le remboursement de mes taxes. Cela était dû au fait que mon business n'avait pas fait beaucoup d'argent, mon entreprise n'était pas profitable. Cela montre juste que c'est une bonne idée d'être honnête avec le système de taxes. En Amérique du Nord, des remboursements sont en place au cas où vous perdriez de l'argent.

L'objectif est qu'une fois que vous atteignez la barre des centaines de milliers et éventuellement des millions de dollars, vous serez suffisamment confortables pour donner une quantité suffisante de taxes.

La bonne nouvelle est que le revenu que vous gagnez à travers vos entreprises est moins taxé que le revenu que vous gagnez en tant qu'employé.

Etre un employé pourrait vous revenir très cher parce que vous allez payer tellement de taxes ! Disons que vous payiez 40 % de votre salaire à 6 chiffres en taxes annuelles. C'est énorme. Chaque année, vous perdez de l'argent et la dette s'accumule ; c'est pour cela que la taxe est votre plus grosse dépense.

Selon l'expert comptable M. Salim Siddiqi, un jugement fiscal ne devrait jamais dicter une décision d'entreprise. Votre décision doit uniquement bénéficier à votre business.

La raison en est que vous devez des fois dépenser un dollar pour économiser 20 centimes en taxes. Dépenser de l'argent pour gagner en taxes n'a donc pas de sens. Vous devez juste prendre les décisions en vue d'améliorer votre business. Bien sûr, nous espérons que la taxation va disparaître pour que nous puissions devenir plus riches. Mais la réalité reste que la taxe est quelque chose qui est là. La bonne nouvelle est que certains de ces pays à majorité musulmane comme l'Arabie Saoudite, le Qatar et Oman ne chargent pas de taxes. Il se pourrait que vous deveniez plus riches là-bas. Peut-être... C'est quelque chose à méditer.

2

LES DIFFERENTES INDUSTRIES

EMPIRES IMMOBILIERS

L'immobilier est une activité qui reste pérenne. Les gens ont tout le temps besoin d'un endroit où habiter. Du hadith, on apprend que le Prophète SAW a donné des conseils concernant l'immobilier :

« Quiconque vend une maison ou un lopin de terre et n'investit pas la somme perçue dans quelque chose de similaire, ne sera pas béni dans cette affaire. »

Quand les gens vendaient des maisons à Médine le Prophète SAW leur conseillait de réinvestir dans d'autres maisons. Donc 1 400 ans plus tôt, les musulmans savaient ce que l'offre et la demande représentaient.

L'immobilier est une industrie très vieille. Cependant, il est primordial de bien connaître ce domaine avant de vous y investir. Il y a beaucoup de spéculation dans l'immobilier et beaucoup de gens ont été grillés à cause de pièges telles l'usure et la spéculation.

A l'exclusion de ces choses, l'immobilier reste un secteur béni. Je pense encore une fois à M. Rizvee et à sa maîtrise de la vente en immobilier.

Il savait tout jusqu'au type du sol. De cette manière, il pouvait reconnaître ce qui constituait un bon investissement. Son expérience familiale, sa lecture personnelle et son intérêt dans ce domaine lui permirent de maîtriser le domaine de l'immobilier. A un moment, il vendait une maison tous les 2 jours. Ça, c'est remarquable. Cela représente plus de maisons vendues par une seule personne qu'une agence immobilière tout entière. Les agents des autres agences n'avaient jamais été formés au secteur de l'immobilier. M. Rizvee trouve ridicule que des gens puissent s'aventurer dans l'immobilier sans financement, ni formation, ni recherche.

Si vous désirez aller dans un domaine d'activité, apprenez à connaître votre art. Contactez les personnes qui savent ce qu'ils font dans le domaine que vous voudriez intégrer, car le secteur est risqué. Beaucoup de gens perdent de l'argent. Mais ceux qui savent ce qu'ils font gagnent beaucoup.

M. Salim Siddiqi s'est bâti une maison de prestige parce que vous ne payez pas de taxe sur votre résidence personnelle. Ce n'est pas juste pour échapper à la taxation ; c'est surtout que l'immobilier est un investissement très sage si vous savez ce que vous faites.

LE MARKETING DE RESEAU

Il n'y a pas de business qui soit bon ou mauvais — regardez autour de vous ; vous verrez des gens très prospères dans tous les domaines. Vous verrez aussi des gens qui échouent, peu importe le secteur d'activité. Ce n'est pas le domaine en lui même, c'est l'état d'esprit de la personne qui travaille.

C'est pour cela que j'ai passé autant de temps sur la philosophie de l'entrepreneur musulman. Trouvez d'abord ce que l'entrepreneur musulman pense de la fortune avant de vous joindre au rang des entrepreneurs.

Mais voyez vous cela ne doit pas s'arrêter là. Beaucoup d'entre vous désirent le succès — vous le voulez d'une manière acharnée. Beaucoup d'entre vous travaillent sur votre attitude mentale, vous croyez en vous, vous lisez beaucoup d'histoires de gens qui ont réussi, ils y sont arrivés avant vous, et vous savez que vous pouvez le faire, mais vous ne devez pas vous arrêter là. Pour véritablement changer notre manière de penser, nous avons occasionnellement besoin d'autres personnes pour nous montrer le chemin.

J'ai trouvé que le marketing de réseau est l'une des meilleures manières. C'est un système de vente et de distribution de produits et services à travers d'autres personnes. Le modèle est de bâtir des entreprises dans d'autres entreprises. Vous obtenez une part de la commission qui vient du volume de vente que vous générez. C'est un joli concept avec ses hauts et ses bas. Mais ce que je peux vous dire, c'est que c'est un premier pas facile dans le monde du business.

Certaines compagnies requièrent juste un paiement de 50 à 1 000 dollars pour commencer votre propre entreprise. Par expérience personnelle, après avoir moi-même commencé un business dans la restauration, je peux vous dire qu'une entreprise moyenne pourrait vous coûter beaucoup plus que ces sommes.

C'est donc une manière simple de vous mouiller les pieds. Vous pourriez même devenir millionnaire. Beaucoup de professionnels du marketing de réseau le font, cependant beaucoup d'autres échouent. Certains deviennent riches, bien d'autres n'y arrivent pas, mais vous pouvez être certain de recevoir l'éducation entrepreneuriale dont vous avez besoin pour réussir. Il n'est pas nécessaire d'emprunter ce chemin, mais cette expérience peut vous aider à améliorer votre communication à travers le développement personnel. La plupart des compagnies offrent des séminaires centrés sur la croissance et le leadership en plus de nombreux livres à étudier. C'est une excellente manière de développer ses compétences dans votre course vers la réussite. Le marketing de réseau est un milieu à la fois défiant et compétitif. Allez-y si vous pouvez recevoir un plus en devenant plus éduqué dans les affaires.

Comme c'est le cas dans le milieu des affaires, je vous conseille vivement d'observer minutieusement ce à quoi vous adhérez avant de vous joindre à une compagnie de marketing de réseau. Observez le produit et décidez si cela en vaut le coup. Une fois que vous êtes satisfait, allez-y, trouvez quelqu'un qui peut réellement vous apprendre les rouages du business et vous coacher. Vous en bénéficierez énormément.

Je pense que c'est un bon concept pour les entrepreneurs musulmans. Car si vous partagez quelque chose de bien, Allah vous récompense en plus de la personne qui a fait le bien. Cela existe dans le marketing de réseau.

Si vous introduisez quelqu'un à votre produit et il forme une organisation de vente, vous serez rémunéré pour ce travail et prospérerez.

LE PROTOTYPE

La fabrication est toujours à l'ordre du jour pour des entrepreneurs en Afrique, en Asie, en Europe, etc. Beaucoup de gens sont toujours engagés à fabriquer des choses physiques que vous pouvez commercialiser.

Je pense à l'entrepreneur de matériaux de bricolage, Dr Zahoor Qureshi, qui fait aussi des cartes de vœux et des cartes d'invitation de mariage et distribue ses produits partout. La fabrication est toujours là ; elle est juste décalée. Dans ce secteur, il faut prendre en compte le volume et la qualité du produit.

Cette industrie requiert généralement plus d'investissement que les autres types d'entreprises. Mais vous pouvez commencer avec un prototype. Quand vous inventez quelque chose de bien, créez un prototype. Je pense à Dr Hatim Zaghloul. Avec son collègue Michel Fattouche, ils étaient les principaux inventeurs de la technologie WIFI. Il commença la compagnie dans les années 90, elle était au top du monde. A ce jour, des compagnies comme Apple et Motorolla utilisent leurs brevets pour mener à bien leurs opérations. Wi-Lan était véritablement devenu l'un des acteurs les plus importants dans la technologie de communication sans fil. La première chose qu'il eut à faire pour sécuriser des fonds et grossir son entreprise était de fabriquer un prototype. Et les affaires décollèrent peu de temps après.

La fabrication est donc toujours à l'ordre du jour, vous devez juste savoir ce que vous faites. Fabriquez un prototype, testez-le et commercialisez-le. De cette manière, vous pouvez éviter de mettre de l'argent que vous n'avez pas.

LA RUEE CONTEMPORAINE VERS L'OR

L'internet est énorme ; il rend le monde des affaires beaucoup plus fluide et rapide. Avec cet échange d'information, vous avez accès à des connaissances de toutes sortes, même des connaissances religieuses.

Les manières (Akhlaq) ne peuvent pas s'apprendre sur des sites comme You-Tube, vous pouvez tout de même faire de la recherche très pointue sur internet. C'est un outil très puissant.

Maintenant comment cela s'applique-t-il dans votre business ? Avant l'avènement de l'internet, les vendeurs devaient frapper à la porte du client, se présenter face à face et conduire la transaction. Il n'y avait pas d'autre manière de faire. De nos jours, vous pouvez juste rester à la maison et bâtir votre propre business. D'autres personnes conduisent la transaction virtuellement pour vous. Vous gagnez votre commission de cette manière. Beaucoup de modèles de business en ligne existent. Ce que je peux vous dire pour sûr, c'est que tout autour du monde, l'internet a rendu la distribution de produits beaucoup plus rapide.

Comment pouvez-vous en bénéficier ? Vous pouvez utiliser ces compétences une fois que vous apprenez à utiliser la technologie.

Vous n'avez pas besoin d'être expert, mais apprenez-en suffisamment pour recruter des gens qui vont faire les tâches difficiles et trop techniques pour vous. Aujourd'hui, vous pouvez employer des gens qui peuvent faire des sites web ou faire la programmation pour votre entreprise. C'est assez simple.

L'avantage final de l'internet est que vous avez le potentiel de faire du business à partir de n'importe quel point du monde. Durant de nombreuses années, les gens avaient à voyager vers des endroits à haut revenu, travaillaient pendant quarante ans et finissaient avec un bon niveau de vie. Aujourd'hui, avec l'avènement d'internet, j'ai rencontré beaucoup d'entrepreneurs qui avaient un style de vie de rêve tout autour du monde. Ils pourraient par exemple vivre dans le Moyen-Orient et se font pourtant des millions toutes les années. Ils ont un style de vie qui leur permet de se reposer et de passer du temps avec leur famille. Bien sûr qu'ils travaillent dur, mais l'internet a fait qu'il est facile d'être à la fois à la plage et de se faire de l'argent. Votre magasin, votre boutique est constamment en ligne et ouverte à toute heure pour que les gens puissent acheter.

Mais souvenez-vous, vous avez besoin de trouver un mentor fiable. J'offre des services de mentorat tout autour de l'internet pour véritablement apprendre aux gens comment bâtir leur business. Donc je recommande que vous conduisiez vos recherches pour trouver et travailler avec la bonne personne.

Souvenez-vous que l'internet est une plateforme de nivelage. Vous pourriez être en Afrique, vivre modestement et pourtant devenir très riche à travers l'internet. Si vous avez une connexion internet, vous pouvez devenir riche. Beaucoup de gens se joignent à cette industrie.

Elle devient de plus en plus compétitive, mais cela reste quand même une bonne manière de devenir entrepreneur.

Muhammad Fattal, un jeune entrepreneur de 22 ans commença sa compagnie de technologie sans capital. Né en Syrie, il déménagea en Arabie Saoudite, puis au Canada. Il vit le gap qui existe dans l'utilisation des médias sociaux entre le Moyen-Orient et l'Amérique du Nord. Son père connaissait un artiste de l'Arabie saoudite. Et Mohammad se décida à l'appeler et à lui offrir ses services. Il lui proposa de booster sa présence dans les réseaux sociaux. L'artiste dit oui. Aujourd'hui, trois ans plus tard, il a bien plus d'un milliard de vues dans les contenus multimédias que sa compagnie gère.

'N'hésitez pas à soulever le téléphone !'

- Muhammad Fattal, Foundaterr de Alfan Group

LA BANQUE

Certaines personnes préfèrent utiliser le système bancaire pour financer leurs entreprises. Maintenant, cela a ses plus et ses moins.

La plupart des savants disent que la banque n'est pas permise parce qu'il y a un élément d'intérêt. Cependant, cette discussion dépasse l'envergure de ce livre.

La règle de base, c'est que vous devez savoir ce que vous êtes en train de faire. La première raison pour laquelle la banque devrait exister est pour financer des entreprises qui n'ont pas des fonds, mais qui espèrent avoir un bon retour sur investissement.

La banque islamique pourrait être une option, mais elle est plus limitée. Je crois que la banque aide énormément l'économie. Il est toujours plus cher d'offrir des actions plutôt que d'emprunter de l'argent. Ce que beaucoup d'entreprises font donc, c'est trouver le point d'équilibre entre faire un investissement initial.

Elles peuvent aussi offrir des parts de la compagnie ou des actions au public à un stade plus avancé. Retenons que la banque pourrait être une entreprise profitable. Si vous avez l'expertise qu'il faut, vous pourriez aussi lever des fonds et faire votre propre établissement financier.

LE CAPITAL-RISQUE

L'expert numéro 1 que j'ai trouvé est le docteur Hatim Zaghloul qui, en l'espace de 10 ans, a commencé plus de 6 sociétés ouvertes. Il est un homme d'affaires très accompli.

Aujourd'hui, il bâtit en Egypte des compagnies dans le domaine de la technologie. Il est toujours en train de bâtir. C'est quelqu'un que vous voudriez consulter au sujet du marché des actions et du marché financier. Il connaît le jeu et sait comment utiliser la bourse pour financer une entreprise.

Dr Zaghloul me dit que pour ouvrir votre compagnie au marché, vous avez juste besoin d'une somme de 500 000 dollars qui y reste constamment. Ce n'est pas quelque chose d'infaisable.

Je sais que beaucoup de gens sont effrayés par une telle motion. Mais si vous avez la bonne structure et la bonne expérience en business, c'est possible. Alors pourquoi plus de gens n'iraient-ils pas dans le marché financier ?

Pourquoi le financement par le marché financier n'est-il pas aussi répandu que la banque ? Pourquoi la banque est-elle plus populaire ? C'est dû la plupart du temps à l'ignorance qui entoure le sujet. L'islam encourage véritablement les marchés financiers. Lever des fonds pour aller en business est encouragé. Les partenariats sont encouragés. Ces derniers sont formés après tout quand différentes parties décident de partager leurs ressources et aussi leurs profits. Le marché des actifs est juste une version plus sophistiquée de ce processus. Une multitude de gens qui ne se connaissent pas nécessairement achètent des parts d'une compagnie et se partagent les profits et les pertes. C'est une idée très islamique.

Donc, jetez un coup d'œil dans les marchés financiers. Si vous avez une compagnie dans le domaine de la technologie par exemple, vous aurez sûrement besoin de fonds supplémentaires et l'idée d'utiliser le marché des actions est très viable.

UNE RECOLTE QUI NE FINIT PAS

·

Les musulmans ont toujours produit des livres. A leur apogée, les livres étaient plus chers à acheter que de l'or dans l'empire du Mali. En Syrie, des savants comme Ibn Qayyim ont écrit des centaines de livres au courant de leur vie. Ils pouvaient écrire 200, 400 livres et cela ne sortait pas de l'ordinaire.

De nos jours, le domaine de l'art et de la publication est très actif. Pourtant vous n'allez pas beaucoup en entendre parler. Comme nos prédécesseurs, beaucoup de nombreux musulmans produisent des œuvres de haute qualité : il y a des gens qui produisent des œuvres d'art, de philosophie, de fiction et des jeux vidéo, toute sorte de choses.

Je pense au théâtre Khayyal à Londres. Comme eux, beaucoup de musulmans produisent des œuvres de grande qualité.

Il y a des gens qui produisent des œuvres de grande qualité en art, photographie, jeux vidéo et toute sorte de choses.

Dans le domaine de la photographie professionnelle, j'ai eu l'opportunité d'interviewer M. Peter Sanders. Il produit des livres sur la photographie et gagne des commissions payées par les gouvernements qui l'emploient ou par le public au large. Et cela est véritablement un revenu résiduel. Toutes les fois que quelqu'un utilise une photo, l'artiste est payé.

Pourtant, pour le non-initié au revenu résiduel, la publication et les arts ne sont pas très excitants. Il est plus excitant de devenir un docteur, un avocat ou un ingénieur. Oui, l'artiste ou l'écrivain pourrait avoir à endurer de nombreuses années de difficultés financières. Oui, il se peut que ce soit dur au début. Oui, les gens pourraient ne pas vous acclamer au début. Mais si vous mettez cet effort, vous allez éventuellement récolter un revenu résiduel.

3

LE CHEMIN SÛR QUI MENE VERS LA RICHESSE

D'EMPLOYE A ENTREPRENEUR

Vous allez à l'école et décrochez votre diplôme. D'une manière ou d'une autre, vous devez commencer à faire quelque chose.

Certaines personnes commencent directement ils deviennent entrepreneurs parce qu'ils savent ce qu'ils veulent.

Disons que vous écriviez du code informatique depuis que vous étiez à l'école. Dès que vous atteignez l'âge de 23 ans et êtes sorti du collège, vous pouvez commencer une compagnie, vraiment ! C'est quelque chose que j'encourage avec toute la force de mon âme. Si vos enfants ont un passe-temps, vous pourriez les aider à en faire une compétence. Soyez intéressés à éduquer des enfants motivés et pleins de vie.

Maintenant, la chose la plus populaire à faire quand les gens quittent l'école est de devenir un employé.

Nous venons de voir combien de taxes vous avez à payer ; un employé est dans la tranche de taxe la plus élevée. Il doit payer le plus de taxes et n'a aucun contrôle sur son temps.

Donc ce que certaines personnes font c'est de commencer un business et c'est l'objet de ce livre. : de devenir un entrepreneur musulman. C'est l'option la plus viable pour devenir fort financièrement et libre.

En Amérique du Nord, une enquête faite par la réserve fédérale montre que les gens qui ont leur propre entreprise ont 5 fois le patrimoine des gens qui ont un emploi. 5 fois ! Cela vous donne une perspective.

Ce que vous pouvez faire après être devenu entrepreneur est vous assurer que vous automatisez votre business. Assurez-vous de trouver un mentor qui vous montrera les rouages si vous ne savez pas comment procéder.

Une fois que le business décolle et grandit, transformez graduellement votre revenu pour en faire un revenu résiduel. Visez à posséder des actifs où l'on vous paie encore et encore tels des maisons à louer ou des espaces de parking. Brevetez quelque chose ou écrivez un livre ou créez quelque chose d'artistique et vous avez juste à collecter les paiements.

Je pense à madame Lena Khan qui est sur le point de finir son prochain film. Elle est en Californie en ce moment en train de lever des fonds pour son entreprise. C'est une sœur très enthousiaste avec beaucoup de talents. Elle économise chaque sou. Même notre interview a été conduit avec son numéro de téléphone fixe pour éviter le coût d'une conversation avec un téléphone portable. Elle est à ce point focalisée pour bâtir son rêve et son business. Elle travaille pour avoir un revenu résiduel. Une fois le film sorti, elle va collecter des honoraires en tant que directrice de production. Elle va recevoir de l'argent pour chaque salle de cinéma qui joue son film.

C'est vraiment motivant d'avoir un revenu résiduel. Pensez à un moyen d'en recevoir. Eventuellement, vous pourrez aussi investir dans d'autres entreprises et prendre part au processus entrepreneurial. Dans les deux cas, vous devenez très riche.

LA TOUCHE EN OR

Avez vous déjà remarqué que certaines personnes semblent juste avoir cette touche en or? Ils semblent savoir précisément où se trouve l'argent et font un profit très rapidement alors que d'autres s'affaissent dans la difficulté. Un de leurs traits est qu'ils sont ouverts à l'opportunité.

M. Rizvee dit : «somme toute vous devez être ouverts à toutes les possibilités pour pouvoir transformer ces possibilités en profits.»

Deuxièmement, sachez que vous ne pouvez pas juste décider de commencer une entreprise. Disons que vous décidiez d'ouvrir une entreprise dans le cosmétique. Et vous ne savez rien de comment gérer un salon. Dans ce cas, il serait très difficile pour vous de faire un profit, ce qui serait plus intelligent c'est d'apprendre le business sens dessus dessous.

En tant que jeune homme, M. Rizvee apprit le business de courtier de sa famille. Son père et son grand-père étaient des entrepreneurs eux-mêmes et ils lui ont appris l'immobilier. Il était très jeune quand il se familiarisa avec la profession. Il apprit des détails tels reconnaître le type de sol sur laquelle la propriété est construite.

Ceci ést très utile au Canada vu combien les gens aiment leur jardin. Des détails comme cela ont fait de lui un expert dans la vente de maison.

Il étudiait chaque propriété encore plus en détail. Il donnait des détails minutieux sur le voisinage, à quoi ressemblait le système de drainage, le sol était-il inondable et beaucoup d'autres choses. Il étudiait tout ce que les propriétaires voudraient savoir avant d'investir un demi-million de dollars sur une propriété.

C'est comme cela que vous pouvez véritablement booster votre business vers l'étape supérieure. Apprenez à connaître votre industrie sens dessus dessous. Tous les meilleurs sont des experts dans leur domaine respectif. Dr Amina Coxon par exemple a été formée à John Hopkins, le meilleur hôpital des USA et qui se trouve dans l'état de New York.

Avec ce genre de formation, il n'est pas étonnant qu'elle fût capable d'ouvrir un cabinet médical sur Harley Street à Londres, un des endroits les plus exclusifs pour pratiquer en tant que docteur dans le pays. Elle a reçu la formation qu'il fallait.

Dr Amina apprend efficacement comme dans le cas où j'ai mentionné qu'elle diagnostiqua un patient qui avait une maladie qu'elle n'avait pas vue depuis 20 ans juste en moins de 15 minutes. C'est parce qu'elle a maîtrisé sa profession et aussi comment faire pour l'apprendre. Elle connaît le sujet sens dessus dessous et n'a pas à perdre son temps à se remémorer des choses. Ses patients étaient impressionnés par son efficacité et honnêteté, particulièrement parce que son cabinet est privé. Elle aurait pu choisir de passer plus de temps avec un patient pour gagner plus d'argent. Mais elle sait que ce n'est pas la meilleure manière de garantir un service client de bonne qualité. Grâce à sa vitesse, Dr Amina a plus de temps pour sa famille et plus de flexibilité pour étudier en privé. Donc le bénéfice de bien apprendre votre métier est multiple.

REINVESTISSEZ EN VOUS

Maintenant que votre business marche, investissez en vous avant tout. Apprenez les compétences. Développez vos compétences en communication. Apprenez les bonnes compétences de business. Et cet apprentissage est constant. Il ne s'arrête jamais. La technologie et les avancées dans votre domaine ne s'arrêtent pas après tout. Donc pourquoi arrêteriez-vous ?

Une des choses que j'ai apprises de M. Nazir Ahmed est que beaucoup de gens commencent leur business, mais ils restent petits toute leur vie c'est-à-dire qu'ils ne se développent pas au-delà d'un certain point. C'est parce que la plupart du temps, c'est parce que leurs compétences ne sont pas suffisamment développées.

Vous devez vous améliorer pour vous adapter aux temps qui courent. Donc si ce sont des compétences techniques qui vous manquent, apprenez-les. Si ce sont des contacts qui vous manquent, développez-les. Faites tout ce qui est nécessaire pour grandir. La technologie est constamment en train d'avancer. Les chefs d'entreprise dont les produits et services sont hors date sont appelés à souffrir dans le marché. Ce que vous devez faire c'est devenir un leader dans votre domaine.

M. Rizvee en devint un parce qu'il innove. Il structura son business d'une telle manière que ça a dépassé la production de la concurrence dans les années à venir. Cela a été grâce à son système. Beaucoup de compétiteurs sont en train de copier sa stratégie de marketing. Cela ne l'ennuie pas cependant. Parce qu'en tant que leader de business, vous devez partager. Ce qu'il vous faut faire, c'est devenir le leader et créer un mouvement positif pour votre client, pour votre communauté et pour le bien de tous.

Réinvestissez un pourcentage de vos revenus dans le business. Cela va retourner dans l'entreprise de sorte que vous ne dépenserez pas votre capital. Investissez votre argent en retour puis faites un budget pour savoir ce que vous allez économiser et ce que vous allez donner. Après, faites un budget pour déterminer votre consommation personnelle.

LE GENE DU SUCCES

Certains entrepreneurs musulmans ont commencé fauchés. La famille de Mohammad Salim Siddiqi par exemple, a connu la partition et la guerre. Beaucoup de gens moururent malheureusement durant ces années, mais ils ont persévéré et aujourd'hui, ils ont réussi. Voyez-vous, c'est quelque chose que j'appelle le gène du succès.

Personne n'est condamné à l'échec ou le succès. Cependant quand vous voyez une famille entière prospérer, ce n'est pas uniquement par chance. Il y a des explications plus profondes pour ces choses. Cela vient de la croyance que cela peut être fait parce que cela a déjà été fait dans le passé.

Disons que notre bébé veuille marcher. Notre bébé va nous voir, ses parents, marcher autour de lui ; il voit tout le monde autour de lui marcher, parler et sauter. Lui aussi va bientôt imiter ce qu'il voit les gens autour de lui faire.

Pourquoi est-ce le cas ? Ça fait partie du gène du succès. Vous avez réussi quand il s'agit de se mouvoir. Vous avez probablement trébuché quelques fois, tout au début, vous vous êtes blessés, et maintenant vous faites toute sorte de choses tout en marchant, presque en pilotage automatique. Le bébé observe tout cela et pense en lui : « bien sûr que je dois marcher parce que je suis humain et je vois que tous les humains marchent. » C'est comme cela que vous devez voir le succès.

Voyez-vous comme un bébé qui est en train d'apprendre quelque chose pour la première fois. Si vous tombez, ce n'est pas grave. Cela ne fait rien. Vous en riez, ou vous en pleurez, au final, vous vous relevez. Le bébé ne le prend pas personnellement. Il pense tout le monde le fait, je peux le faire aussi. C'est le gène du succès.

Vous regardez autour de vous et vous dites «voyez tous ces entrepreneurs musulmans qui ont réussi? Je peux réussir aussi.» C'est pour cela que les gens qui sont nés dans une famille de business, ou une famille d'avocats ou de docteurs sont plus à même de le devenir aussi. Parce qu'il y a un gène du succès. Ils ont vu quelqu'un d'autre le faire avant eux. Cela rend la chose plus facile.

Donc ce que je voudrais que vous fassiez, c'est identifier les gens qui croient aux mêmes choses que vous croyez. Et observez-les. Voyez qu'ils sont des gens normaux avec des vies normales et des familles ordinaires. Souvent, ils sont moins éduqués ou moins académiques que vous. Mais s'ils ont été prospères, cela veut dire que vous aussi pouvez réussir. Et c'est cela l'ingrédient principal du succès.

Vous regardez les autres. Ensuite, vous vous regardez et dites : «Vous savez quoi? S'ils l'ont fait, je peux le faire aussi.» Je finis juste avec l'exemple de Yaya Ndianor, un millionnaire d'origine sénégalaise qui commença fauché. Il partit en Afrique Centrale puis au Congo avec ses frères et ils s'y établirent. C'était la situation jusqu'à l'éruption d'un conflit armé. Ils furent emprisonnés avec des gens qui pointaient leurs pistolets sur eux. Il échappa vif avec ses frères.

Ce désastre l'emmena à dire : «Vous savez quoi? J'ai failli mourir en poursuivant mes objectifs et rêves. Cela veut dire que je peux y arriver.» Et aujourd'hui, il est un millionnaire.

Il existe beaucoup d'histoires comme cela chez les entrepreneurs. Tout ce que je peux vous dire c'est que si vous avez une maison, un lit, un boulot et vous êtes en train d'étudier, vous êtes au-devant de beaucoup de monde.

Quand nous comptons les bienfaits d'Allah, nous ne pouvons les énumérer. Donc voyez-vous déjà réussi quand vous regardez dans le miroir et dites : «si toutes ces personnes le font je peux aussi le faire.»

MAINTENANT, TROUVEZ UN MENTOR

Trouvez un mentor tout de suite ! N'attendez pas.

Pourquoi trouver un mentor? Parce qu'ils vont vous influencer.

La première chose à comprendre est que vous gagnez en moyenne plus ou moins 2000 dollars de ce que votre ami le plus proche gagne. Cependant, je ne suis pas en train de dire que, en tant que musulman, vous devez uniquement fréquenter des gens riches — ce n'est pas notre mentalité du tout.

Au contraire, arrangez vos cercles d'amis en groupes. Si vous avez besoin de conseils sur le business, allez trouver des gens qui ont une mentalité entrepreneuriale.

Quand vous avez besoin d'accompagnement pour votre religion (diin), passez du temps avec ceux qui craignent Allah SWT et ont une religion décente. Maintenant, quand je dis religion, notez que cela englobe aussi le bon caractère, la bonne disposition (Akhlaq).

Evitez vos amis fauchés quand vous demandez des conseils dans les affaires.

Si vous ne connaissez aucun millionnaire, contactez-moi, je peux vous apprendre comment établir des connexions avec des gens qui ont les résultats que vous désirez.

Disons que je veuille voyager de l'Ontario au Maroc par bateau. Disons que je parte de la côte Est du Canada. Je lève l'ancre et je me dirige vers l'Est. Je pourrais atteindre l'Angleterre, la France, ou le Groenland. Où devrais-je aller? Personne ne peut deviner. Si par contre, j'avais un marin professionnel avec moi qui a déjà effectué le même voyage ou un GPS, combien serait-ce plus facile pour moi?

Maintenant, pensez à quelqu'un qui a déjà fait ce que vous essayez de faire. Quelqu'un comme vous, un entrepreneur musulman qui a accompli le but que vous désirez. Cherchez leur mentorat. Ne perdez pas de temps. Je le recommande vivement.

Un mentor va aussi vous tenir responsable. Ne choisissez pas quelqu'un qui va vous embellir les choses. J'ai appris énormément des mentors que j'ai interviewés parce qu'ils vont me dire la vérité et la vérité blesse des fois. Mais vous devez garder à l'esprit que la vérité peut vous libérer.

QUELQUES MOTS POUR FINIR

Etre un entrepreneur ne garantit pas le bonheur. Mais il peut vous donner la liberté de choix et la liberté de faire ce que vous aimez à faire, que ce soit dans ce monde ou le monde d'après.

Il y a tellement de musulmans qui rêvent de faire de grandes choses, cependant ils n'ont pas les fonds nécessaires et leur emploi bloque leur temps.

C'est une pitié. J'ai vu beaucoup de musulmans bien intentionnés qui sont incapables de vivre pleinement leurs rêves. Parce qu'ils sont trop occupés à travailler et à réaliser le rêve de quelqu'un d'autre. Ils le font juste pour être en mesure de payer les factures et survivre.

Ils travaillent pendant quarante ans et pourtant ils restent dans une situation financière précaire.

Mon seul conseil pour vous est ceci : changez votre plan ! Devenez un entrepreneur musulman ! Vous en avez besoin, votre famille en a besoin, la Oummah en a besoin.

Ça a été un honneur d'écrire ce livre pour vous et j'espère que je peux continuer à vous servir.

A votre succès,
Assalamou aleykoum !
Oumar Soulé

L'AUTEUR

Oumar Soulé est un spécialiste des Mathématiques Financières qui est activement engagé dans l'étude des marchés financiers. Il a poursuivi son PhD de Mathématiques Financières à l'Université de McMaster au Canada.
Ses séries de séminaires series qui accompagnent ce livre sont faites pour aider les entrepreneurs musulmans à lancer leurs entreprises et les réussir.

L'ENTREPRENEUR MUSULMAN

www.the-muslim-entrepreneur.com
oumar@the-muslim-entrepreneur.com

www.ingramcontent.com/pod-product-compliance
Lightning Source LLC
Chambersburg PA
CBHW020434130626
46549CB00001B/139